手ぬいでできちゃう！
服のお直し

お直し職人◎髙畠 海

はじめに

あなたには、どうしても手放せないお気に入りの一着がありますか?

この本を手に取ってくださった皆様は、
お洋服―着るもの、衣類ともいいましょうか―と
うまく付き合っていらっしゃることと思います。

そんなあなたのもとには、自然と着るものも集まってくるのではないでしょうか。
自ら買い求めたもの、第2、第3のオーナーとして手に入れたもの、
大切な方から譲り受けたもの……。

そんな一着をあなたのひと手間で、より自分のものにしてみませんか?

特別な道具は必要ありません。
その一着を想い、着たい、着せたいという思いがあれば、
きっとそのお洋服はまた輝きを放つはず……。

ぜひ、あなたの手でお気に入りの一着を甦らせてあげてください。

本書がその助けとなることができれば、うれしく思います。

―― 髙畠 海

手縫いでお直しできる服って?

パンツやスカートの丈を調整するだけが、お直しではありません。
手縫いとお直しのきほんをきちんと理解しておけば、
さまざまなアイテムに活用できます。

シャツ

大きめサイズのシャツを自分の体に合わせて短くすることはもちろん、かぎ裂きや衿の擦り切れを繕うこともできます。

パンツ

短くしたり、長くしたり、好みのパンツ丈に調整できるほか、きつくなったウエストを大きくしてはきやすくすることも。

スカート

スカート丈を調整する場合、すそからだけでなくデザインによっては、ウエストから丈をつめることが可能です。

ジャケット

ジャケットやブレザーの袖のつめ方を知っておけば、長すぎる学生服の袖などもジャストサイズにお直しできます。

ニット

虫食いや、ひっかけなどのトラブルも手縫いで解決。それだけでなく、Vネックをジャンパーにする楽しいリメイクアイデアも!

Tシャツ

好みのラインに変えたり、リボンを使って衿元をアレンジしたり……。ちょっとした工夫でTシャツの印象も一新!

CONTENTS

はじめに 2
手縫いでお直しできる服って? 3
おうちでお直しを始める前に気をつけたいこと ... 6

Part 1
知っておきたい
お直しの基礎知識

- 主な道具&副資材 8
- 糸と針の選び方 10
- お直しのきほん用語 11
- 洋服のきほん構造 12
- お直しのための採寸 13
- 縫い目をほどく 14
- 印をつける 15
- 布を裁つ／しつけをする 16
- まち針を打つ 17
- きほんの縫い方 18

お直しCOLUMN #01
とっさのトラブルレスキュー法 22

Part 2
よくあるトラブルを
ちょこっとお直し！

- ボタンが取れそう！ 24
- 縫い目がほつれた！ 26
- パンツのすそが擦り切れた！ 28

- 衿が擦り切れた！ 30
- かぎ裂きができた！ 32
- 虫食い穴ができた！ 34
- ニットに穴があいた！ 36
- ゴムが伸びた！ 38
- スリットがほつれた！ 40
- スカートが破れた！ 42

お直しCOLUMN #02
ボタンつけのバリエーション 44

Part 3 サイズ調整のお直し

- パンツの丈を短くしたい！
  ―三つ折りにしてまつる― 46
- パンツの丈を短くしたい！
  ―バイアステープでまつる― 48
- パンツの丈を長くしたい！
  ―ダブルをシングルに出す― 50
- スカートの丈を長くしたい！
  ―すそから丈を出す― 52
- スカートの丈を短くしたい！
  ―ウエストラインでつめる― 54
- シャツのすそを上げたい！
  ―メンズシャツをレディース丈に― 56
- スカートのウエストをつめたい！ 58
- パンツのウエストを出したい！ 60
- シャツの袖を短くしたい！ 62
- ジャケットの袖を短くしたい！ 64
- タンクトップの肩をつめたい！ 68
- キャミソールのひもを短くしたい！ 69
- ノースリーブの脇をつめたい！ 70

プロのセンスが光るお直しアイデア

- 虫食い穴を刺繍で隠す 72
- 小さなボタンをまとめて飾りボタンにする 74
- はぎれを重ねて補修＆ワンポイントに 75

お直しCOLUMN #03
パンツのシルエットで異なる折り代の形 76

Part 4 好みのデザインに変えるお直し

- Tシャツを好みのシルエットに！ 78
- シャツのウエストラインを絞りたい！ 80
- パンツを美脚ラインにしたい！ 82
- Vネックセーターをジャンパーに！ 84
- プルオーバーシャツの前を広くあける！ 86
- ワンピースの袖を外してノースリーブに！ 88
- Tシャツの衿元をアレンジ！ 90

INDEX 93

※お直しの手順写真では、わかりやすいように目立つ色の糸を使用しています。
実際には、布に合わせた色の糸を使用してください。

おうちでお直しを始める前に気をつけたいこと

この本では、ふだんよくある洋服トラブルの解決法や、
もっともきほんになるお直し法を紹介しています。

ただし、ひと口に洋服といっても、シャツ、Tシャツ、ジャケット、セーター……
アイテムの数だけデザインがあり、同じアイテムでもその構造はさまざまです。
生地の種類、衿や袖のつき方、裏地の有無、
服の種類や構造によっては、専門的な技術が必要なお直しも！
そんなときは、無理をせず、お直し専門店に相談してみましょう。

また、手縫いしやすいのは綿、麻、ウールなどのふだん着です。
こまやかなソーイング技術が必要になる、シルクなどの繊細なおしゃれ着、
針に負担のかかるデニムや帆布などの厚手の布地は、
手縫いのお直しにあまり向いていません。

縫い目をほどいたり、布地を裁ち始めたりする前に、
「無理なくお直しできる服かどうか」
構造と素材をかならず確認することが必要です。
布地や糸選びについては10ページを参照ください。

私、お直し男爵
と申します

Part 1

採寸のコツも
ここで紹介
していますよ

知っておきたい
お直しの基礎知識

ミシンを使わずに、最初から最後まで「手縫い」で仕上げるお直し。
必要な道具や用語、裁ち方、そして縫い方まで、まずはきほんから始めましょう。

主な道具&副資材

手縫い針
布地の厚み、糸に合わせて針を替えます。並縫いには長針、まつり縫いには短針が適していますが、刺しやすいものを選ぶのが◯。

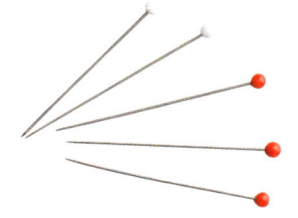

まち針
仮どめするのに欠かせない道具。刺し跡が目立たない針の細いタイプがおすすめ。頭は熱に強いガラス球のものがよいでしょう。

裁ちばさみ
布地専用のはさみを用意します。布以外のものを切ると、刃が傷んで切れ味が悪くなるので注意。切れ味が落ちたら研ぎに出しましょう。

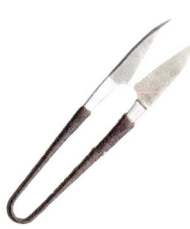

糸切りばさみ
糸切りや、縫い目をほどくときなどに使います。刃先が細く、細かい作業がしやすいものを用意しましょう。

目打ち
印つけや縫い目をほどくなど、手では扱いにくい細かな作業のときに使います。とがった先端に注意しながら扱いましょう。

リッパー
縫い目をほどくときに使います。先がとがり、くぼみの部分が刃になっているので、扱いにはじゅうぶん注意しましょう。

ものさし
採寸や線を引くときに使います。20cmまたは30cmの長さのものがおすすめです。

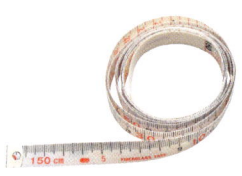

メジャー
採寸やカーブの長さを測るときに使います。やわらかい素材で、端が「0」スタートのものが使いやすく、おすすめです。

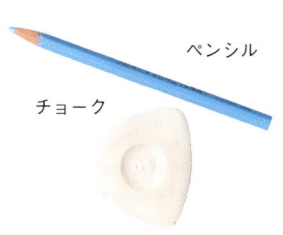

チャコ
ペンやペンシルなど、印つけに使うチャコは用途と布地で使い分けて。本書では主に、色が落ちやすいチョークを使用しています。

裁つ、印をつける、縫う……手縫いで行うお直しで必要な道具＆副資材から、
あると便利なグッズまで紹介します。

Part 1 知っておきたいお直しの基礎知識

アイロン
ドライ、スチーム機能のついた家庭用アイロン。スチームの代わりに霧吹きでも○。作業中のまめなアイロンがけが仕上がりを左右します。

アイロン台
ソーイングには、シンプルな四角い板状のものが使いやすいでしょう。

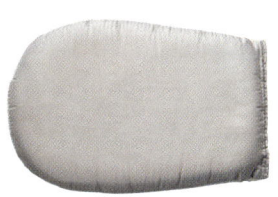

アイロンミトン
袖などに差し入れて使うミトンタイプのアイロン台。袖のカーブなど丸みのある立体的な部分がきれいに仕上がるので、あると便利です。

バイアステープ
布目をバイアス方向（45度）に裁った縁どり用テープ。本書ではすそ上げ、袖口の始末に使います。素材、幅、色柄も豊富。詳しくはp.92を。

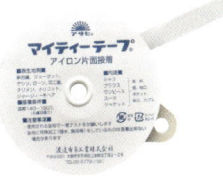

接着テープ、伸びどめテープ
破れの補強、伸びどめ、ファスナーつけの際など、さまざまなお直しで使います。伸縮性や両面接着など用途に合わせて選びます。

プロのテクニック

接着芯をカットしておくと便利！

接着テープは、0.9cm、1.2cm、1.5cm等の幅が一般的。幅広のものは市販されていないので、ソフトタイプの接着芯を5cm幅などに切ってロールにしておくと便利です。

しつけ糸
仮縫いや印つけに使います。手縫い糸よりも強度が弱く、引っ張ると簡単に切れるので、ほどきやすいのが特徴。

縫い糸
強度のあるボタンつけ糸、やわらかい絹糸など、素材と太さを用途に合わせて使い分けます。ポリエステル素材の手縫い糸は、コットンからウールまで幅広く使えて便利。選び方のコツはp.10を参照ください。

糸と針の選び方

布地や目的に合った糸、そして針選びは、美しい仕上がりに直結します。
ここでは布に合った糸や針の選び方のコツを紹介します。

布地	糸
薄地 綿ローン、ポリエステル、シルクオーガンジー、ガーゼなど	デリケートな素材のため、細めの糸と針を使います。手縫い糸や絹糸がおすすめ。
ふつう地 ブロード、ギンガム、サッカー、シーチング、リネン、ダブルガーゼなど	一般的な布地。ふつう地用の手縫い糸、絹糸がおすすめ。
厚地 ソフトデニム、キルティング、ウール地など。通常のデニムや帆布など針の負担になる厚地は手縫に向かない	ソフトデニムなどはボタンつけ糸を使っても。ウール地にはシルク糸がおすすめ。

選び方のコツ

● 布の厚さ、元の縫い糸の太さを参考に糸を選びましょう。

● 糸の色は、縫い目が目立たないよう布と同系色のものがきほん。選ぶときは、元の縫い糸に重ねて近いものを探しても。店頭で買う際は、サンプル帳の糸見本で実際の色を確認しましょう。

● 手縫い糸は、綿、ポリエステル、絹と素材や太さもいろいろ。
糸の強度は綿≦絹<ポリエステルです。
綿糸—リネン、コットンに。
　熱に強いが、濡れると縮むこともあるため、同じ特徴を持つ布地におすすめ。
絹糸—シルク、ウールに。
　環境の変化で劣化する場合も。繊細な素材にはおすすめ。

● 手縫い針は穴から糸が抜けにくい、布地に通しやすい太さのものを選びます。長さは手になじむ、好みのもので構いません。

こんなときは？

ミシン糸を手縫い糸として使いたい

ミシン糸は手縫い糸とは「より」が異なります。「蝋」でミシン糸の繊維を固め、よじれにくくしてから使いましょう。

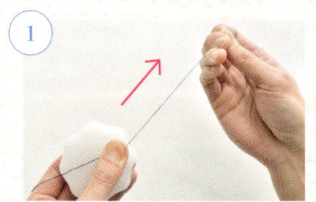

1 糸を必要な長さに切り、糸端を蝋の上に置いたら、指で押さえながら糸を引く。糸の向きを変えて2〜3回しごく。

2 ハトロン紙またはコピー用紙等で糸をはさみ、アイロン（中温）で押さえながら、引き抜く。2〜3回くり返す。

お直しのきほん用語

覚えておくと便利な、本書で使用するお裁縫にまつわる
きほん用語です。

合印（あいしるし）
布地を合わせる位置を示す印。チャコ、はさみで切り込みを入れる、しつけ糸を使うなどつけ方はいろいろ。

あきどまり
衿ぐりやファスナーなどがあく、あきの部分の終わりの位置のこと。この位置まで「あける」ことを示す。

あて布（ぬの）
布地に直接アイロンをあてないよう、アイロンと布地の間にはさむ布。薄手のコットン（さらし）や共布を使う。

後ろ中心
シャツやスカートなど前後があるものの、背中側の中心。メンズパンツのサイズ調節はここで行うことが多い。

裏地
脱ぎ着の際に布のすべりをよくしたり、透けるのを防止したりするために、洋服の裏につける布地。

折り代（おりしろ）
パンツのすそなどを縫い合わせるための、布の端の折った部分のこと。

かがる
布端がほつれないようにしたり、破れ目をふさぐために、布をからげて縫うこと。

仕上がり線
衣服の仕上がりの位置を示す線のこと。布地を縫い合わせるときはこの位置を縫う。

しつけ
仕上げるための本縫いの前に、布やファスナーなどを合わせて仮に縫っておくこと。きれいに仕上がる。

地直し（じなおし）
布地の伸び縮みや、布目のゆがみを整えること。お直し作業の前に行うと、ゆがみも少なく仕上がる。

外表（そとおもて）
布地の表を外側にして重ねる合わせ方。内側は裏同士が重なる。

裁ち端（たちはし）
裁断した布地の切り口の部分。布地を裁ちばさみで切ることを「裁断（さいだん）」という。

つめ寸（すん）
お直しの際、着丈や袖丈など、つめる長さのこと。また、丈を短くすることを丈つめという。

中表（なかおもて）
布地の表同士を内側にして重ねる、縫い合わせる際のきほんの合わせ方。

縫い代（ぬいしろ）
仕上がり線から裁断する線までの間。服の表には出ないことが多い。

縫い代の始末（しまつ）
裁断した布や縫い終わった布の裁ち端に、ほつれどめをすること。縫い代を割る、倒すことも含む。

縫いどまり
縫い終わりの位置。「ここの位置まで縫う」ことを示す。

布目（ぬのめ）
布のたて糸とよこ糸の織り目のこと。たて糸とよこ糸が直角に交差した状態が正しい布目の状態。

バイアス
布目に対して、ななめであること。布目に対して45度のバイアスを「正バイアス」といい、布がもっとも伸びる。

前中心
シャツやスカート、パンツなど前後があるものの、体の胸側の中心こと。

まつり縫い・まつる
すそなどを縫いとめる方法。表布に縫い目がひびかないように仕上げる。奥まつり、たてまつりなどがある。

見返し（みかえし）
表布と同じ布地でつくられた身ごろ裏のパーツのこと。シャツやスカートなどに補強や見栄えのためにつける。

身ごろ
洋服で胴体をおおうパーツのこと。胸側を前身ごろ、背中側を後ろ身ごろという。衿や袖は含まない。

三つ折り
布を2回折り、布が3枚重なっている状態にすること。

わ
布地を2つに折って重ねた折り目の部分。輪になるところ。

Part 1 知っておきたいお直しの基礎知識

洋服のきほん構造

お直しをする服の構造や名称を理解しておくと、作業もスムーズです。

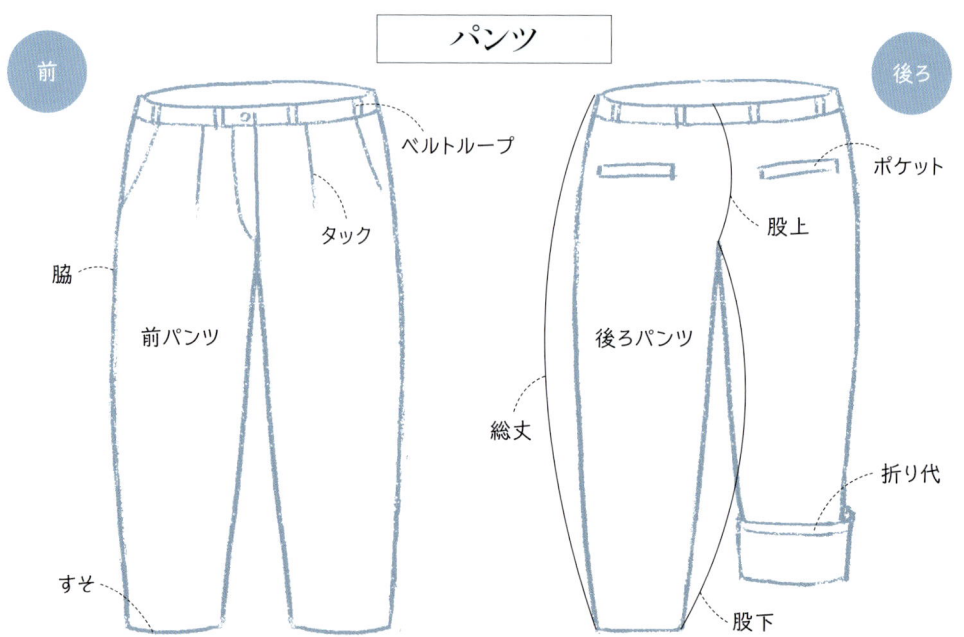

お直しのための採寸

正しく寸法を測るのが、お直しをじょうずに仕上げる第一歩。まずは試着してサイズを確認し、丈をつめたい部分にまち針を打ってから、さらに試着し確認する。この流れをくり返しながら、つめ寸やシルエットを決めるとよいでしょう。

1 着る
すそ丈や袖丈は、実際に着て腕やひざを曲げたり伸ばしたりして、バランスを見てから、ちょうどよい寸法を確認します。

2 とめる
すそ丈や袖丈は折り返して、まち針でとめます。とめた後も姿見で全体のバランスを見て微調整をしましょう。

3 測る
まち針に気をつけて服を脱ぎ、服を作業台に置いてから、とめた分の寸法をものさしで測り、書きとめます。

すそ
合わせたい靴があれば、靴を履いてすそを内側に折り込み、まち針を脇と中心にとめます。

ウエスト
脇をつめるには、両脇を同じ分量つまみ、まち針を縦に打ちます。とめにくければ、まち針を打ってから着てみる。

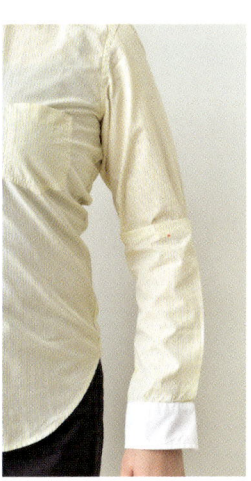

袖
ひじの少し上あたりで折り、長袖なら手首や手の甲とのバランスを見ながら微調整します。まち針は横向きに。

ダーツ
シルエットを見ながら、バストトップの下あたりからウエストあたりまで、たてにつまみます。左右同量つまんで。

縫い目をほどく

お直しはたいてい、元の縫い目をほどくことから始めます。
簡単できれいな、ほどき方を習得しましょう。

ミシンの縫い目

縫い目が直線になっているミシン縫い。
糸切りばさみを使いましょう。

1 上糸の縫い目に糸切りばさみの刃先を差し入れ、糸を切る。

2 5〜6目ごとに糸を切っていく。

3 布を裏に返して、切った反対側の糸を引く。これをくり返して、ほどくとよい。

こんなときは？ リッパーのコツ

糸切りばさみでステッチ糸が切りにくい場合はリッパーを使います。刃の角度を利用し、縫い目に対してななめに差し入れるとスムーズです。

返し縫い部分

縫い目が何度も重なっている部分。
むりに切ろうとすると布を傷めるので注意！

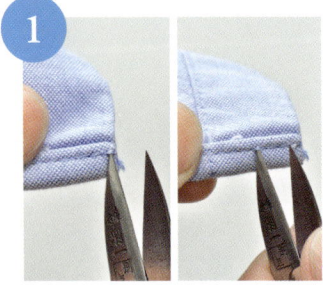

1 返し縫いの始めと、終わりの目に、それぞれ糸切りばさみの刃を差し入れて糸を切る。

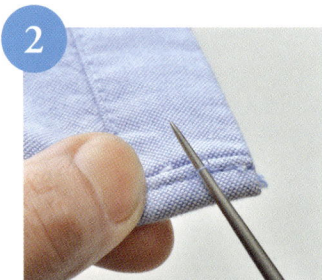

2 途中の縫い目に目打ちを差し入れて糸を引き、縫い目をほどく。目がかたければ、ひと針ずつていねいにほどいていく。

ロックミシンの縫い目

2～4本の糸を編んだような縫い目が特徴。
縫い代の布端のほつれどめとして使われます。

1
布端を巻きかがった縫い目の、布端と平行に通っている直線の糸（ここでは1本だが2本ある場合も）に糸切りばさみの刃先を差し入れて切る。

2
目打ちを①の縫い目の近くに差し入れる。

3
目打ちで糸を引き抜いていく。

4
布端をかがってある糸も一気にとれるので、そのまま引き抜く。

印をつける

仕上がりや縫い代の目印として印をつけます。
印を正しくつけることが、美しいシルエットをつくる秘訣です。

1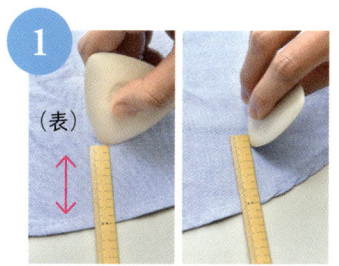
ものさしを（たての）布目線に対して平行にあてながら、寸法を測り、チャコで横に短く印をつける。カーブの場合は、たてにも印をつけ、横の印と交差させる。

2
手順①の要領で、位置をずらしながら端から端まで印をつけていく。

3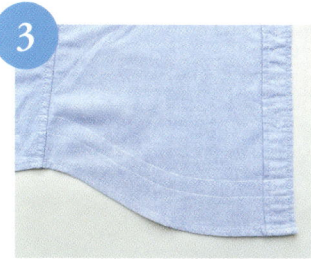
印をつなげて線を引く。真っすぐな線はものさしを使う。裁ち線も同様にして引く。

こんなつけ方はNG!
カーブなどでは、布端に対して直角にものさしをあてないで。寸法が正しく測れません！

ものさしは布目に平行に！

Part 1 知っておきたいお直しの基礎知識

PROBLEM SOLVING BASIC

布を裁つ

布地や服を切ることを裁断といいます。
切れ味のよい布専用の裁ちばさみを用意しましょう。

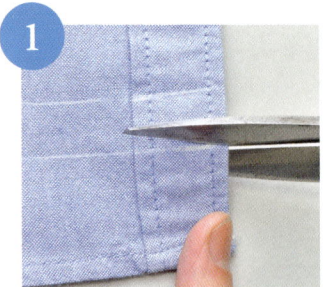

1 もっとも大切なのは、布を持ち上げないで切ること。服を作業台に置いて、はさみを作業台につけたまま、刃を差し入れる。

2 はさみは1回切るごとに閉じきるのではなく、刃のなかほどを使って、反対側の手で布をさばきながら切り進める。

3 はさみを作業台につけたまま切ることで、写真のように印にそって正しく布を裁つことができる。

こんな裁ち方はNG!

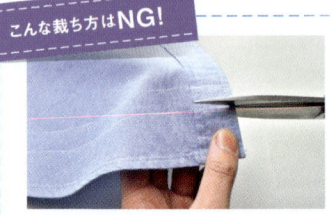

布を持ち上げると布が安定せず、布がずれる原因に。また、はさみの刃先を1回ずつ閉じたり、刃先だけで切ろうとしたりするのもNGです。

布端がガタガタに!

しつけをする

厚地や、やわらかい布地でまち針が安定しにくいとき、すそなどをまつり縫いするときは、しつけ糸でしつけをしましょう。

1 しつけ糸は本縫いの後にほどくので、実際の縫い線より0.2〜0.3cm縫い代側へずらして縫う。布を押さえるのが目的のため、布は小さめにすくう。

2 縫い始めは玉結びをし、縫い終わりは縫い目をひと針返しておくだけにすると、ほどきやすい。

まち針を打つ

合わせた布がずれないようにとめる、まち針。正しい打ち方を覚えて、安全かつスムーズに作業を進めましょう。

1

縫い目の位置から0.7～0.8cmほど下に、縫い目に対して直角になるように針先を刺す。

2

縫い目の少し上の位置にくるよう、0.5～0.6cmほど布をすくって、針を出す。すくう量は布の厚さによって調整するとよい。

3
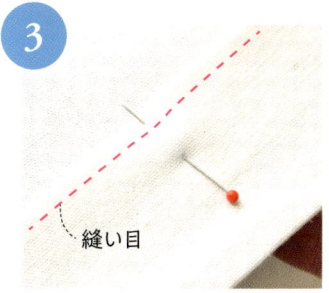
正しくまち針を打った状態。

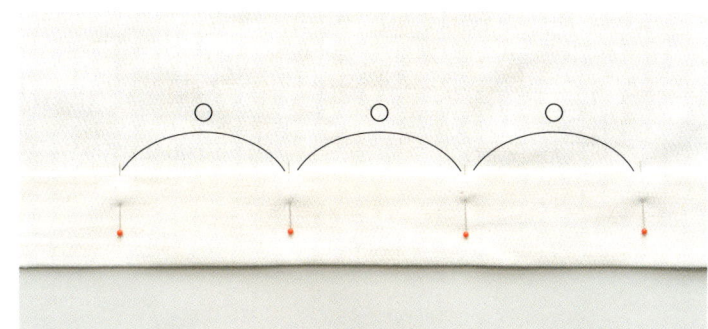
まち針は合印から打ち、その中間を等間隔にとめていきます。カーブなどは直線部分よりも細かく打ちましょう。

こんな打ち方はNG！

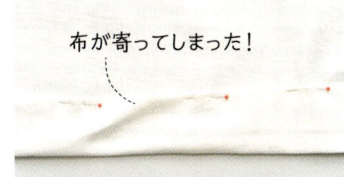
まち針は縫い位置に対して直角に打つのがきほん。平行に打つと、特にやわらかい布地などは進行方向に力がかかり、布が寄ってしまうことも。

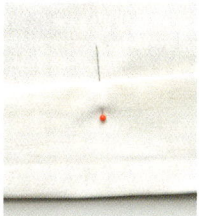
針先を出しすぎると危険です。

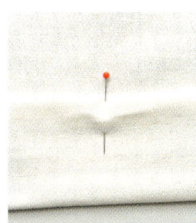
針は手前から奥に、布端から内側に向かって打つのがきほんです。

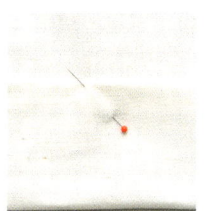
ななめに打つと、すくった布が動きやすく、安定しません。

Part 1 知っておきたいお直しの基礎知識

きほんの縫い方

手縫いのお直しを美しく仕上げるために、まずは縫い方のきほんをマスターしましょう。
糸は指先からひじ下の長さを目安に用意します。

玉結び

布地から糸が抜けないよう、糸端に玉結びをつくりましょう。

1
針に糸を通してから、人差し指の腹に糸端を置き、その上に針先を重ねる。

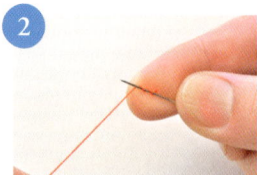

2
針に糸を2～3回巻きつける。

3
巻きつけた糸を指で押さえながら、反対の指で針を引き抜く。

4
巻いた部分をそのまま下の糸端まで流し、結び目に圧をかけてとめる。

縫い始め

縫い始めの糸をほどけにくくするため、ひと針縫い重ねる「返し針」をしておくと安心です。

1
針に糸を通し、糸端に玉結びをつくったら、縫い始めからひと針先の位置に針を刺して糸を引き出す。

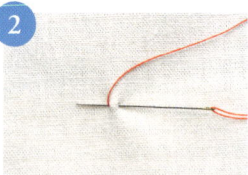

2
縫い始めの位置に針を入れ、手順①の位置に出すと、ひと針分返した状態に。

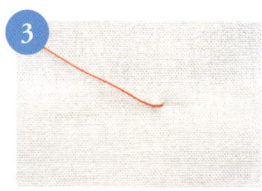

3
そのまま縫い進める（写真では右から左に縫い進める）。

縫い終わり

糸端が外に出ないようにする「隠し糸」できれいに仕上げましょう。

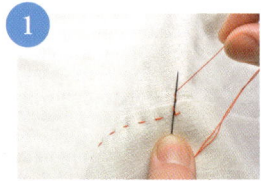

1
縫い終わりの位置に針を置き、針に糸を2～3回巻きつける。

2
巻いた糸を指で押さえながら針を引き抜くと、玉どめができる。

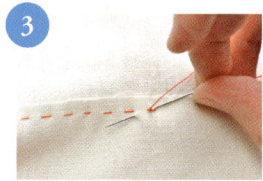

3
玉どめをした位置に針を刺し、ひと針すくう。

糸端が隠れた！

4
糸を引っ張りながら、布の際で糸を切る。そうすることで糸端が布のなかに隠れる。

並縫い

布地を縫い合わせるときの、きほんの縫い方。
0.2cm程度の細かい針目で縫うことを「ぐし縫い」といいます。

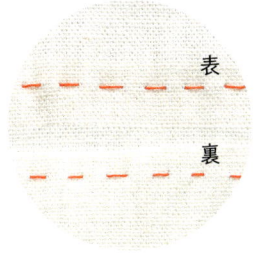

表
裏

① 手で布を持ち、上下させながら布に針を0.3〜0.4cm間隔で、4〜5針連続で刺す。

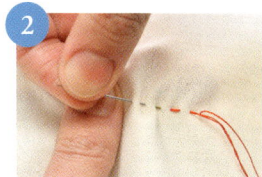

② 針にたまった布をしごいて、針を抜いたら、布地を平らに伸ばす。

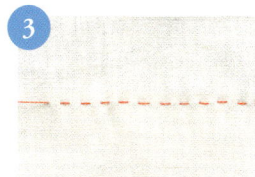

③ 手順①〜②をくり返す。長い距離を縫うときは、ときどき返し針をすると縫い目に強度が出る。

本返し縫い

厚手の布地などをしっかりと縫い合わせる、ミシン目と同じように見える縫い方。

表
裏

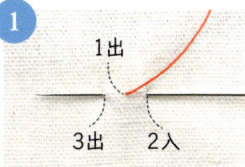

① 1出　3出　2入
糸を引き出したら、ひと針分戻し、2針分先に針を出す。

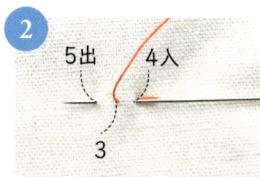

② 5出　4入　3
それをくり返して縫い進める。

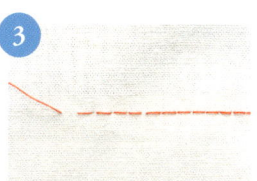

③ ミシン目と同じように仕上がる。パンツの股やシャツの脇など力のかかる部分に。

半返し縫い

並縫いよりしっかりと、本返し縫いよりやわらかく縫えるのが特徴です。

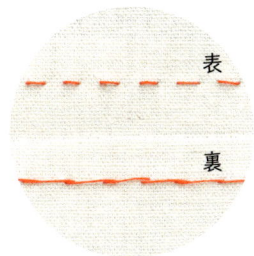

表
裏

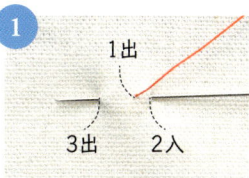

① 1出　3出　2入
糸を引き出したら、ひと針分戻し、3針分先に針を出す。

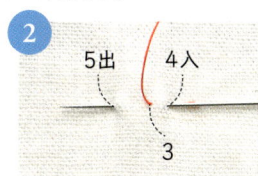

② 5出　4入　3
それをくり返して縫い進める。

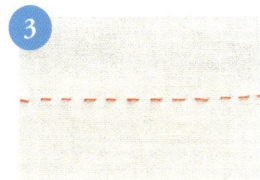

③ 表からは並縫いと同じに見える。薄地の布をしっかりと縫いたいときによい。

巻きかがり

ほつれないよう、布端をくるむようにして縫います。縫い代の始末に。

表
裏

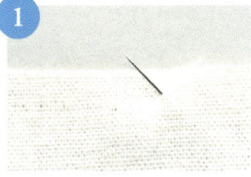

① 針を後ろから前に刺し、糸を引き出す。

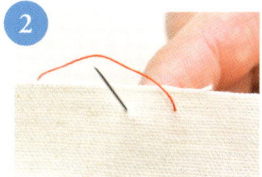

② ひと針分隣の位置に後ろから針を刺す。それをくり返して縫い進める。

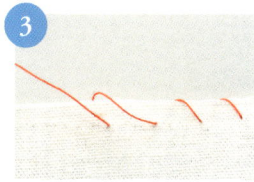

③ 縫い目はななめにつながる。糸を強く引きすぎると、布端がつぶれるので注意。

Part 1 知っておきたいお直しの基礎知識

きほんの縫い方

縫い糸は「1本どり」がきほん。じょうぶに縫いたいときは、1本の糸を二重にする「2本どり」にします。

まつり縫い

一般的なまつり縫いで、流しまつりともいいます。縫い目の裏が服の表に出ます。

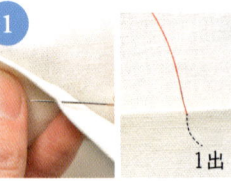

1 縫い代の裏から表に針を出し、糸を引く。

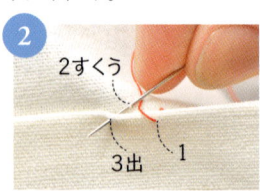

2 0.5cm程度先の表布を、表側にひびかないよう、織糸の1〜2本をすくう。縫い代の表に出す。

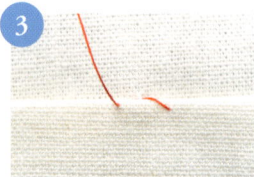

3 それをくり返して縫い進める。

奥まつり

すそをまつるときに使います。糸が隠れるので、見た目も美しく、糸が擦り切れずに長持ちします。

1 しつけをしたら、縫い代の端を折り返し、裏側をひと針すくう。

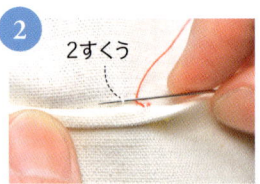

2 0.5cm程度先の表布を、表側にひびかないよう、織糸の1〜2本をすくう。

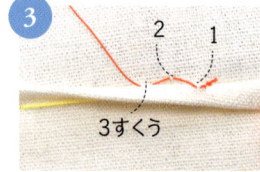

3 それをくり返して縫い進める。縫い終わったら、縫い代の折り返しを元に戻す。

たてまつり

裏地や見返しなど、しっかりとめるときに使います。縫い代に対して直角に針を入れます。

1 縫い代の裏から表に針を出し、糸を引く。

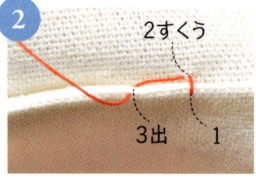

2 すぐ上の表布の織り糸を1本すくったら、0.5cmほど先で縫い代の裏から針を出す。

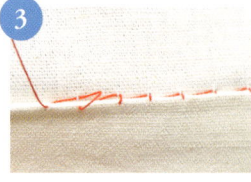

3 それをくり返して縫い進める。縫い目を細かくするほど、しっかり縫える。

渡しまつり

折り山をつき合わせて縫い合わせるため、縫い目が出ないのが特徴。縫い目のほつれなどの補修に。

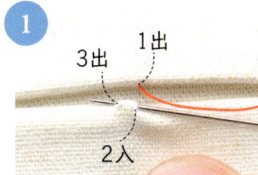

1 折り山の裏側から針を出し、すぐ下の折り山を0.2～0.3cmすくう。

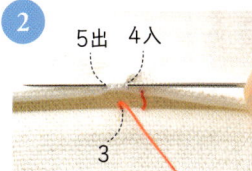

2 再度すぐ上の折り山を0.2～0.3cmすくう。

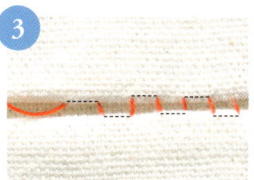

3 それをくり返して、糸の渡りがコの字になるよう縫い進める。数針ごとに糸を引くとよい。

千鳥がけ

ほつれやすい布をしっかりとめたいときに。上と下を交互に、千鳥に糸をかけて縫います。

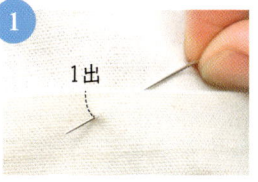

1 縫い代の裏から表に針を出し、糸を引く。

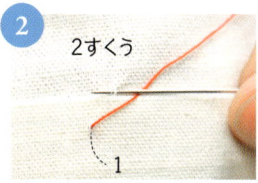

2 0.5cmほど先で表布の織り糸を1本右から左にすくう。

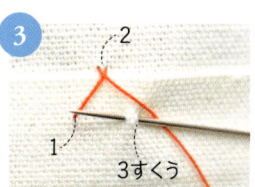

3 右下の縫い代を同様にすくい、それをくり返して、左から右に縫い進める。

プロのテクニック

糸ループをつくる

スカートの裏地と表地の縫い代をとめる糸ループ。かぎホックのループにも使えます。

1 糸は仕上がり寸法の4～5倍用意し、針に通したら、玉結びをして縫い代をひと針すくう。

2 返し針をひと針刺したら、再度ひと針すくう。

3 ②の糸で輪をつくる。

4 ③の輪のなかに指を入れて糸をつまみ、反対側に引っ張る。

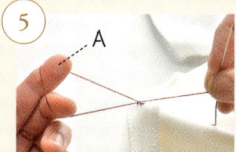

5 Aの手に持った糸を引き、④の輪を縮める。

6 仕上がりの長さになるまで、④～⑤をくり返す。

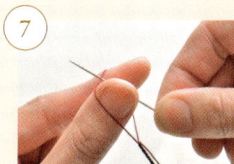

7 最後に編み目の輪に針を通して、引き絞る。

8 とめたい位置でひと針すくい、返し針をしてから、裏へ針を出し玉どめする。

Part 1 知っておきたいお直しの基礎知識

PROBLEM SOLVING
お直しCOLUMN #01

＼とりあえずどうすればいい！？／
とっさの
トラブルレスキュー法

外出先で、すそがほつれているのを発見！ そんなトラブルで困ったことがありませんか？ 身近な道具でできる、とっさのお直し法を紹介します。

Rescue 1 両面テープでとめる

❶ 両面テープを小さく切り、はくり紙をはずしたら、指でつまみ粘着力を弱める。

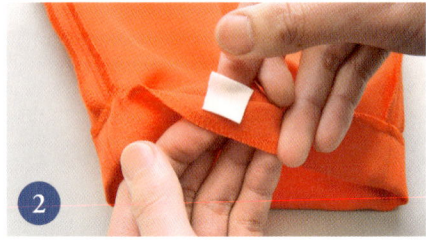

❷ ほどけたすその布端にはさんでとめる。粘着力が強いままだと、布を傷める恐れが。

Rescue 2 安全ピンでとめる

安全ピンを使う場合、目立たない位置にとめるのがポイント。ズボンなどは、両脇の縫い代につけるとよい。

Rescue 3 すそ上げテープでとめる

簡単にお直ししておくなら、アイロン接着タイプのすそ上げテープもおすすめ。

ホッチキスでとめるのはNG！

安全ピンなどと異なり、先端がとがっていないので、織り糸が切れたりして布を傷つけやすい。

Part 2

手が慣れると
あれこれお直ししたく
なってきますよ

かぎ裂き、ほつれ、虫食い……
よくあるトラブルを
ちょこっとお直し！

お気に入りの洋服をいつまでもきれいに着るためのメンテナンスや
着たいときに限って起こる衣類トラブルに、
ささっとできる手縫いの繕いもの。
よくあるトラブルの解決法と、そのコツを紹介します！

PROBLEM SOLVING
TROUBLE #01

ボタンが取れそう！

力がかかりやすいボタンは、お直し頻度の高いパーツです。
取れにくく美しい、プロのテクニックをマスターしましょう。

item
四つ穴ボタンの綿のシャツ

用意するもの
- ボタン
- 手縫い糸またはボタンつけ糸
- 手縫い針
- 糸切りばさみ
- 目打ち

ココをお直し
もっとも一般的な四つ穴ボタン。ブラウスなどに多い二つ穴ボタンも要領は同じです。スナップボタンはp.44、足つきボタンはp.67を参照ください。

1 ボタン位置を確認する

取れかけの場合は一度ボタンをはずす。つける位置がわからないときは、上下のボタンをとめて、ボタンホールの位置に目打ちで印をつけるとよい。

2 1針目の布をすくう

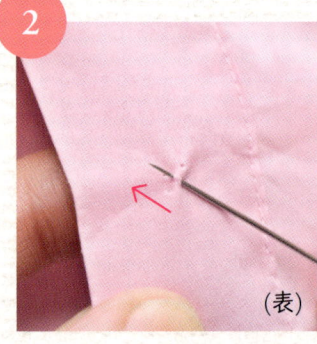

糸は1本どりで針に通し、玉結びはせずに、表側からつける位置の中心をななめにひと針すくう。針を引き抜き、糸端は3cmほど残す。

(表)

3 2針目をすくい糸端を輪に通す

②の縫い目と交差させるように右上からななめにひと針すくう。糸を引いて輪をつくったら、そのなかに②の糸端を通し、輪を引き絞る。

4 ボタン穴2つに糸を通す

四つ穴ボタンの場合、2列に糸をかける。ボタンの裏側から穴に糸を通したら、上の穴に針を刺し、布の裏側まで抜く。ボタンと布は0.2〜0.3cmあく（ボタンにかける布の厚みに合わせる）ようにする。なお、糸の通し方はほかのボタンに合わせる。クロスに糸をかける場合もある（p.44）。

5 残りのボタン穴2つも同様に糸を通す

3〜4回ほどくり返し糸を通したら、隣の列も同様に糸を通す。

6 糸を巻きつけて結ぶ

ボタンと布の間に、2〜3回ほど糸を巻きつけたら、巻きつけた糸を輪にし、そこに針を通して引き絞る。

7 縫い目に糸を通す

⑥で巻きつけた糸（糸足）の根元を2回ほど刺し通す。そのまま布の裏側に針を抜き、縫い目に針を通す。

8 完成！

縫い始め、縫い終わりの糸端をそれぞれ短く切る。

PROBLEM SOLVING FINISH!

玉結び&玉どめがないから薄いシャツでもスッキリ

Part 2 よくあるトラブルをちょこっとお直し ● ボタンが取れそう！

PROBLEM SOLVING
TROUBLE #02

縫い目がほつれた！

よく着るお気に入りの洋服ほど、糸が切れて縫い目がほつれてしまいがち。
特にほつれやすいのは、力がかかりやすい肩、脇、袖ぐりです。

item
ウール混ジャケット

用意するもの
- 手縫い糸
- 手縫い針
- 糸切りばさみ

ココをお直し
このジャケットのように、裏地があって裏側から縫えない洋服は、表から縫っても縫い目がきれいに隠れる「渡しまつり」でお直ししましょう。

1

糸端は短く切らないで！

ほつれの状態を確認する

糸が切れて縫い目がほつれ、ぱっくりと開いている状態。出ている切れた糸端は、短くせずに残しておく。切るとほつれが広がってしまう場合も。

2

ほつれ目の手前から針を入れる

針に糸を通し、1本どりで玉結びをつくる。ほつれから2〜3cm手前の、ほつれていない縫い目の布の間に針を入れ、ほつれの1cm手前に針を出す。

3 ほつれ目の1cm手前から渡しまつりをする

つき合わせた上下の折り山を交互にすくって、渡しまつりで縫い進める。糸が出ないよう、折り山のやや内側をすくうようにする。

渡しまつり（p.21）

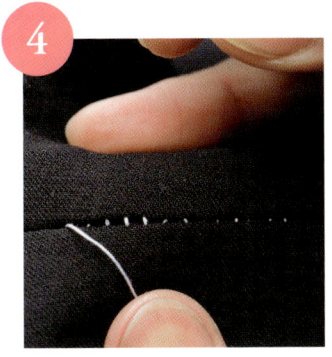

4 ほつれを縫いとじる

①の元の糸端は、縫い目の中に入れ込むようにする。糸を引きながら縫い進めると、開いていたほつれ目が閉じる。力が加わりやすい部分は、縫い目を細かくするとよい。

5 玉どめをし糸端の処理をする

ほつれ目の1cmほど先まで縫ったら、玉どめをし、縫い目の間から大きめにひと針すくう。糸を強めに引いて、玉を縫い目の間に隠し、隠し糸で処理する（p.18）。

6 PROBLEM SOLVING FINISH!

縫い目が見えないからキレイ！

完成！
縫った糸がきれいに隠れた状態に。

Part 2 よくあるトラブルをちょこっとお直し ● 縫い目がほつれた！

こんなときは？ 脇下のほつれをお直しする

手を上げたら脇下がぱっくりあいていた！　なんて経験ありませんか。パーツが集まっている脇下も、じょうぶに補修しましょう。

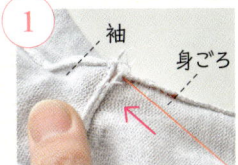

1 袖　身ごろ

身ごろ側のほつれ目を、少し手前から半返し縫い（p.19）で縫い合わせる。

2

袖と身ごろの合わせ目にきたら、手前の見ごろから奥の袖に向かってななめに針を通す。

3

②の縫い目と交差するように、奥の身ごろから手前の袖に向かってななめに針を通す。

4

①と同じ要領で、残ったほつれ目の袖と身ごろを縫い合わせる。

PROBLEM SOLVING
TROUBLE #03

パンツのすそが擦り切れた!

毎日はく制服のズボンや少しすそ長いパンツなど、摩擦で擦り切れた、すそや袖口を「毛抜き合わせ」できれいに解決!

item
ポリエステル製パンツ

用意するもの
- 手縫い糸
- 手縫い針
- 目打ち
- アイロン台
- しつけ糸
- 糸切りばさみ
- アイロン

ココをお直し
なるべく丈を変えたくないお直しにぴったりの毛抜き合わせ。2枚の縫い代を毛抜きの先のようにぴったり縫い合わせる裁縫の技法です。

1 布の状態を確認する

すその折り山がところどころ擦れて布地の繊維が切れている状態。

2 すそをほどきアイロンをかける

パンツを裏返す。糸切りばさみと目打ちを使い、すその縫い目をぐるりとほどいたら、折り山をアイロンで伸ばす。

3

すそを内側に折り込む

すそを元の折り山の位置で内側（表側）に折り込み、アイロンで押さえる。もう片方も同じようにする。

4

すそをぐるりと縫う

パンツを表に返し、両方のいちばん深い傷を確認する。そこから0.3cmほど上側にチャコで一周印をつける。まち針またはしつけをしてから、並縫いでぐるりと縫う。傷ぎりぎりのところは縫い目を細かく！

傷の深さが0.2cm。そこから0.3cmほど上を縫う

Point!
つめ寸を最小限にしたい場合は、傷の裏から接着テープを貼り、傷をふさいでからその上を縫うとよい。

5

すそを伸ばし縫い代を倒す

すその折り代を伸ばしたら、ズボンを裏へ返す。④の縫い代をアイロンですそ側に倒す。

6

縫い目の位置で折る

縫い目がすその折り山の位置にくるようして、すそを折り上げ、アイロンで押さえる。

7

千鳥がけ（p.21）

すそ上げをする

パンツの布地に合わせた縫い方で、すそをぐるりと縫う。ここではしつけをしてから、千鳥がけをする。

8

FINISH!

縫った分すそが0.5cm短くなった

完成！ もう片方のすそ丈を合わせて同様に直す。

Part 2　よくあるトラブルをちょこっとお直し・パンツのすそが擦り切れた！

PROBLEM SOLVING TROUBLE #04

衿が擦り切れた！

シャツなどの衿は折るうえに、摩擦も多いので、擦り切れトラブル多発！
台衿つきのシャツなら、思い切って上衿をはずして一気に解決です。

item
台衿つきシャツ

用意するもの
- 手縫い糸
- 手縫い針
- 糸切りばさみ
- アイロン
- アイロン台

ココをお直し
台衿は、ふだんは上衿に隠れて見えないものの、衿を立たせるために欠かせないパーツ。上衿を取り払うとスタンドカラー風の衿に変身！

1 衿部分の縫い目をほどく

ココから縫い目をほどく／衿つけどまり

上衿の端から、上衿と台衿の縫い目を糸切りばさみを使ってほどく。

2 衿を外す

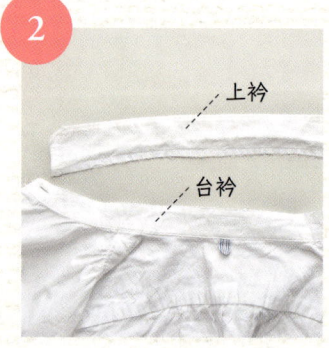

上衿／台衿

①を端までほどいたら、台衿から上衿を完全に外す。

③

糸くずはきれいに取る

台衿に残った元の縫い糸の糸くずをていねいに取ったら、台衿をアイロンで押さえる。

④

並縫い(p.19)

台衿を縫う

台衿の端を並縫いで縫い合わせる。縫い始めと縫い終わりは、元の縫い目に縫い重ねる。並縫いは、元の縫い目の跡をなぞるようにするのが、きれいに仕上げるコツ。

元の縫い目に重ねて縫う。

⑤

スタンドカラーに変身!

すっきりとしたスタンドカラー風のシャツのできあがり。

PROBLEM SOLVING
FINISH!

Part 2 よくあるトラブルをちょこっとお直し ● 衿が擦り切れた！

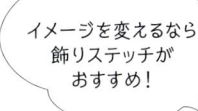
イメージを変えるなら飾りステッチがおすすめ！

ブランケット・ステッチ

Arrange

飾りステッチで仕上げる

衿や袖など布端を飾るのにぴったりのステッチを紹介します。刺繍のきほん用具の25番刺繍糸とフランス刺繍用の針を用意して始めましょう(p.73参照)。

①

衿つけどまりの裏側でひと針すくい、隠れるところで返し針をして輪をつくる。

②

1出

衿つけどまり位置から表側に針を出し、①の輪に糸を通して引き絞る。

③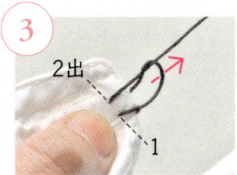

2出 1

2針目も裏側から表に針を出し、②でできた輪に糸を通す。くり返して布端をくるみながら、衿全体にステッチをほどこす。

④

衿の角をステッチするときは、針を出す際に3針分を同じ穴に通すと美しく仕上がる。

PROBLEM SOLVING
TROUBLE #05

かぎ裂きができた!

釘などにひっかけて布がびりっと破れたり、かぎ状に裂けたりすることを「かぎ裂き」といいます。裂け目をとじて補強しましょう。

ココをお直し

ひっかけ傷で布地の繊維が切れて、ほころびている状態。補修する縫い糸を布の柄の色ごとに変えるのが、きれいにお直しするコツ!

item
綿のシャツ

用意するもの
- 片面接着芯または接着テープ
- 手縫い糸
- 手縫い針
- 目打ち
- 糸切りばさみ
- アイロン
- アイロン台

1 傷部分の布目を整える

かぎ裂きの状態を確認し、穴があいていないか見る。目打ちで布目を整え、アイロンで傷を押さえる。穴があいている場合は、共布でふさぐ必要がある (p.34)。

2 接着芯をつける

傷の大きさに合わせて、接着芯（テープ）を用意する。洋服の裏側から傷に接着芯をつける。傷が中央にくるよう接着芯をつける位置に注意して。

(裏)

接着芯は四隅をカットするとはがれにくい!

3 ほぐれた糸端を切る

洋服を表に返し、傷口のほぐれた糸端を糸切りばさみで短く切る。

4 傷の周囲を縫う

糸を1本どりで用意し、傷の周囲の織糸を、1本ずつすくうように、細かく何度か並縫いする。傷口の左右をすくうようにかがるのは、布地がつるためNG！

5 糸の色を変えて縫う

チェックなど布に柄がある場合は、布地の色に合わせて糸の色も変えるのが◎。これで遠目で見たらわからないくらいのきれいな仕上がりになる。

6

FINISH! 完成！

周囲を縫い終わったら、裏側に針を出し、玉どめする。縫い目も目立たず、傷もしっかり補強完了！

Part 2 よくあるトラブルをちょこっとお直し ● かぎ裂きができた！

Arrange　すその傷をかわいく隠す

• Before •　• After •

すそのかぎ裂きなら、プラスアルファの材料でかわいくお直し！ 子ども用ワンピースに合う4cm幅レースリボンをすそ一周分＋5cm用意しました。

1

動きまわることが多い子どもの服は特に、すそにかぎ裂きができやすい。

2

p.32 手順①〜③の要領で、接着芯（テープ）を使い、傷をふさぐ。

3

すそにレースリボンをまち針でとめる。リボンの端は折り返し、ワンピースの脇線の上で重ねるようにする。

4

レースリボンの上下を並縫いですそに縫いとめる。並縫いの際は、ところどころに返し針を入れる。

PROBLEM SOLVING
TROUBLE #06

虫食い穴ができた！

衣替えをしたら、大切な洋服に穴が！ この小さな穴はヒメカツオブシムシなど衣類の繊維を食べる虫による可能性大。共布を使ってきれいにお直ししましょう。

item
ウール製スカート

用意するもの
- 共布
- 両面接着テープ
- 裁ちばさみ
- アイロン
- 手縫い糸
- 手縫い針
- 糸切りばさみ
- アイロン台

ココをお直し
虫食い穴はもちろん、それ以外の穴もこの方法で直します。共布がない場合は、似た色と素材の布地を用意しましょう。

1 穴の状態を確認する
穴がぽっかりあいている状態。穴の大きさを確認する。

今回はポケットから共布をとる

2 共布を確認する
購入の際、替えボタンといっしょに共布がついていることも。ついていない場合は、ポケットなどから共布をとる。また、小さければ縫い代などからとってもOK。

③ ポケットを縫い、裁つ

ポケットを裏返す。穴よりふたまわりほど大きく寸法をとってポケットの下辺を、返し縫いで縫う。縫い代を少し残して下辺を裁つ。

④ 穴の大きさ、柄に合わせて共布を裁つ

柄の位置をぴったり合わせるのがコツ

穴の周囲の柄に合わせて、共布をちょうどいいサイズに裁つ。ウールなど厚地の場合は、厚みが出るため、できるだけ小さめにする。

⑤ 接着テープで共布をスカートにつける

穴にかからない幅で、共布4辺分の両面接着テープをカットしたら、服の裏から穴の周囲に置き、その上に共布を重ねる。アイロンで押さえ、共布と服を接着する。

こんなときは
はがれやすい素材の場合

凸凹があるなど、接着芯がはがれやすい素材の場合は、共布の上からさらに片面接着タイプの接着芯（テープ）を重ねて貼るとよいでしょう。

⑥ 穴の周囲を縫って完成！

FINISH!

1本どりで糸を用意し、穴の周囲を並縫いで縫う（p.33 手順④）。柄合わせをしているため、パッと見は穴がわからないほどに！

無地など糸が目立つ布地の場合は、あまり細かく縫わないで！

Part 2　よくあるトラブルをちょこっとお直し ● 虫食い穴ができた！

PROBLEM SOLVING
TROUBLE #07

ニットに穴があいた！

ニットの穴あきは、たいてい虫食いなどで編み糸が1本切れるところから始まります。意外と目立つニットの穴をきれいに補修しましょう。

item
ウール製ニット

用意するもの
- 毛糸または木綿手縫い糸
- 手縫い針
- アイロン
- アイロン台

ココをお直し
編み目が大きいと余計に1本糸が切れただけで大きな穴に見えるもの。穴のまわりの編み目をすくって、きゅっとすぼめるように直しましょう。

こんなときは？

ひきつれを直す

ひっかけて、編み目が飛び出たニットのひきつれ。お直し用の便利アイテムで、あっという間に元通りに！

ほつれ補修針
上半分の表面がギザギザに加工された、ひきつれ糸補修用の便利アイテム。手芸店などで、数百円で購入できます。

1（表）
飛び出た糸の輪の根元に針先を刺し入れる。

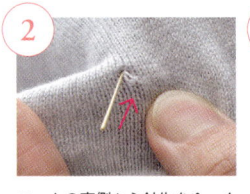

2
ニットの裏側から針先をゆっくり引き抜く。するとギザギザ面に糸がからんで、ひきつれが裏側へ。

3（裏）
裏側に出た輪は引っ張ったりせず、このままの状態に。表から見ると、ひきつれは消えている！

• Before •　• After •

Part 2 よくあるトラブルをちょこっとお直し ● ニットに穴があいた！

1 穴の状態を確認する
編み糸が1本切れて、そこが穴になっている状態。切れた糸端はニットの裏側に出しておく。糸があばれていたら、アイロンで軽く押さえて落ち着かせるとよい。

虫食いで毛糸が1本切れている状態

（裏）

2 穴から少し離れた位置をすくう
糸を1本どりにしたら、玉結びはせずに、穴から少し離れた編み目をひと針すくう。糸端は少し長めに残し、ひと目ずつからめるように穴まで縫い進める。

3 穴のまわりの編み目をすくう
穴のまわりのループをひと目ずつすくう。すくいもれのないよう注意。

（裏）

4 残りの編み目に通して糸を引き絞る
写真の矢印のように、一度穴にななめに渡るよう糸を通し、残りのループをすくったら、糸を引き絞る。強く引きすぎるとまわりもつれてしまうので注意。

5 完成！
縫い始めと同じ要領で、穴から少し離れた位置まですくったら、糸端は長めに残して切る。

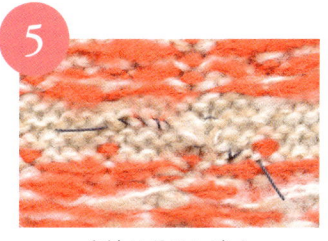

糸端は長めに残す

抜けやすいので玉どめはNG

PROBLEM SOLVING FINISH!

こんなときは？
ハイゲージのニットの穴
編み目が細かいハイゲージのニットも同じ要領でお直しができます。ループが細かいので、すくいもれのないよう、よく確認しましょう。

37

PROBLEM SOLVING
TROUBLE #08

ゴムが伸びた!

ゴム通しがなくてもできる、楽ちんゴム交換の方法を大公開!
また、ゴム通し口がない場合のお直し法も合わせて伝授します。

ココをお直し

ルームウエアなど、着用＆洗濯頻度が高いと、ゴムもすぐに伸びてしまいがち。古いゴムと新しいゴムをつなげて入れ替える、道具不要の手軽なお直しです。

item
ウエストゴムのパンツ

用意するもの
- ゴム（ここでは2cm幅の平ゴムを使用）
- 手縫い糸
- 手縫い針
- 裁ちばさみ
- 糸切りばさみ
- 安全ピン

1 ゴム通し位置を確認する

ゴム通し口がないか確認。さらに、ゴムが脇などの縫い目でとめられていないかつまみ、とめてある場合はほどく。ゴム通し口がある場合は③からを参照。

2 縫い目をほどく

ゴム通し口がない場合、ウエスト内側の見返し部分の縫い目を5cmほど糸切りばさみでほどいて、通し口をつくる。通し口は目立たない左脇または前中心がよい。

3 ゴムを引き出して切る

ゴム通し口からゴムを引き出し、輪を裁ちばさみで切る。

(裏)

4 古いゴムと新しいゴムをピンでつなぐ

新しいゴムを長めにとった状態で、古いゴムにつなげる。安全ピンでとめるか縫いとめる。ウエストに通しているときに抜けないよう、しっかりとめて。

5 ゴムを引いて新しいゴムを入れる

古いゴムを引っ張っていくと、それとともに新しいゴムがウエストに通る。新しいゴムが一周したら、古いゴムを外す。

6 ゴムを縫いとめる

2cm重ねる

本返し縫い(p.19)

新しいゴムの長さを調節して、ゴムが輪になるよう、端を2cm重ねて2か所を本返し縫いでとめる。縫い目は細かく、しっかり縫い合わせて。

7 ゴム通し口を縫い完成!

PROBLEM SOLVING FINISH!

ゴム通し口

並縫いで口をとじてもOK

ゴムを入れ込み、ゴム通し口を縫い残して、口の左右を1.5〜2cmほど元の縫い目に並縫いで縫い重ねる。このパンツはダブルステッチで仕上げてあるので、手縫いも同じようにダブルステッチに。

> ゴムの長さは、ウエストサイズの70％がめやす。ゆるめなら、85〜90％でも！

Part 2 よくあるトラブルをちょこっとお直し ● ゴムが伸びた！

PROBLEM SOLVING
TROUBLE #09

スリットがほつれた！

動きやすくするために入れてあるスリットも、スカートなどではあっという間に糸が切れてしまうことも！　かんぬきどめの補強で、もう安心です。

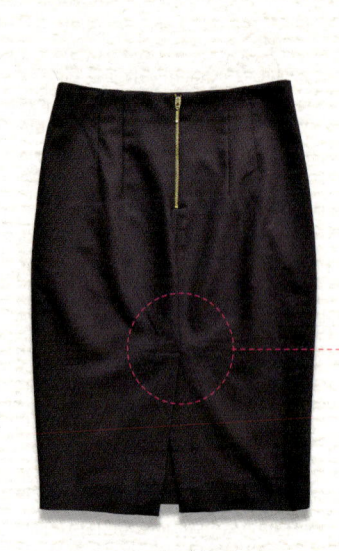

item
アセテート製スカート

用意するもの
- 手縫い糸
- 手縫い針
- アイロン
- 接着テープ
- チャコ
- アイロン台

ココをお直し
縫い直す前に、破れやすい角を接着テープで補強するのがポイント。ポケット口などほつれやすい部分の強度を高める、かんぬきどめで仕上げましょう。

1　接着テープを用意する
いちばん破れやすいスリットどまりの角に合わせて、接着テープを切り、はがれにくくするため四隅をカット。ほつれた元の縫い糸は外して整える。

（裏）

プロのテクニック
力布で補強する

力が加わりやすい部分に、布を重ねることで、布が破れたり糸が抜けたりするのを予防。この補強用の布を力布とよび、共布や接着芯（テープ）、フェルトなどを使用します。

2 接着テープをとめて印をつける

スリットの裏側に、①の接着テープをアイロンでとめる。スリットどまりの角の位置にチャコで印をつける。

3 スリット部分を縫う

本返し縫い(p.19)

スリットから後ろ中心にかけて、本返し縫いで縫い直す。縫い目は細かめにして強度を高める。後ろ中心は2cmほど元の縫い目に縫い重ねるようにする。

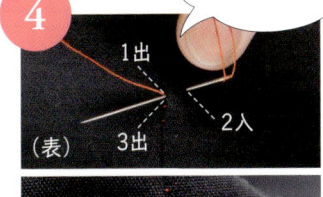

4 あきどまりを補強する

ポケットの補強にも使える「かんぬきどめ」

スリットのあきどまりの位置に裏側から針を出し、後ろ中心をまたぐように2〜3針分の布地を横にすくう。

5 ④の縫い目に糸を巻く

④の縫い目に下から上に向かって針を通し、輪をつくって、輪のなかに針を通す。

6 端から端まで同様に巻く

糸を引いて⑤の輪を引き絞ると、④の縫い目に糸が巻きつく。これをくり返し、④の縫い目の端まで巻きつける。

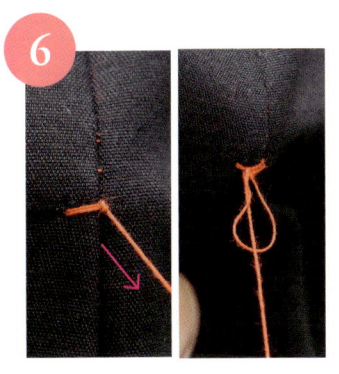

7

FINISH!

完成!

裏側に糸を出して、玉どめしたらできあがり!

Part 2 よくあるトラブルをちょこっとお直し ● スリットがほつれた!

PROBLEM SOLVING TROUBLE #10

スカートが破れた！

ビリッと破れてしまったフレアスカート。接着テープの補修では隠しきれない大きな傷でも、脇線に縫い込んできれいに消すことができます！

item
綿製スカート

用意するもの
- 手縫い糸
- 手縫い針
- まち針
- 裁ちばさみ
- 糸切りばさみ
- アイロン
- アイロン台

ココをお直し
脇や切り替えなどの縫い目の近くにできた傷。傷に合わせて仕上がり線を取り直します。布地のたっぷりしたスカートならシルエットもほとんど変わりません！

1 すその縫い目をほどく
裏に返し、傷と縫い直す脇線のまわりのすそを少し長めにほどく。

2 脇の縫い目をほどく
脇の縫い代のロックミシン、脇の縫い合わせをほどく。ほどく距離が短いと、脇のシルエットが不自然になるため、長めにほどくとよい。

③ 傷を外して脇を合わせ直す

破れ位置をつまみ、傷が縫い代の外に出るように脇線を合わせ直して、まち針でとめる。

破れ位置
(裏)

こんなときは
すそ近くが破れた！

脇や切り替え線が近くにない位置が破れた場合は、傷の分だけすそをカットし、縫い直す方法があります。ただし、丈はその分だけ短く仕上がることを忘れずに。

④ 脇を縫い合わせる

並縫い(p.19)

新たな脇線を縫い合わせる。並縫いでときどき返し針を入れる。ウエスト側の縫い端は、元の縫い目と1.5〜2cmほど縫い重ねるとよい。

(裏)

⑤ 縫い代を裁ち巻きかがりする

元の縫い代の幅に合わせて、余分な縫い代を裁ったら、縫い代を巻きかがり(p.19)でほつれないように始末する。

⑥ すそを折り本返し縫いで縫う

本返し縫い(p.19)

アイロンで脇の縫い代を倒したら、すそを元通りに折り直す(ここでは三つ折り)。脇の縫い直しですそ丈が合わなくなった場合は、ここですその形を調整するとよい。

(裏)

⑦ 完成！

PROBLEM SOLVING
FINISH!

細かめの本返し縫いですそを縫う。縫い始めと縫い終わりは元の縫い目と少し縫い重ねる。

Part 2 よくあるトラブルをちょこっとお直し・スカートが破れた！

PROBLEM SOLVING
お直しCOLUMN #02

\取れにくいつけ方を伝授！/
ボタンつけの
バリエーション

SNAP

HOOK

スナップ・かぎホックは、縫いつけ方がいっしょ。特にウエスト部分に
よく使うかぎホックはとれやすいので、正しいつけ方をマスターしておきましょう。

スナップ

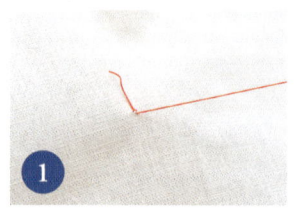

1 スナップは凸→凹の順につける。凸をつける上側の布の、スナップつけ位置の中央を、玉結びした糸でひと針すくう。

2 スナップを重ね、スナップの穴の外に針が出るよう、ひと針すくう。

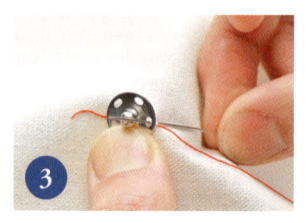

3 スナップの穴にひと針通す。

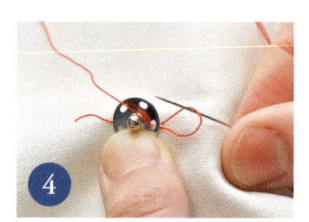

4 糸の輪をつくり、針をくぐらせて糸を引く。

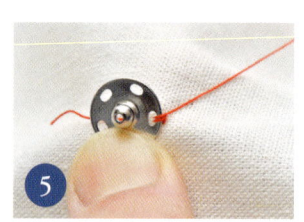

5 1穴につき④を3〜4回くり返す。

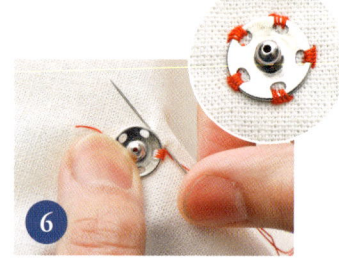

6 隣の穴に移る。すべての穴をとめたら、布をすくって反対側に糸を出し、玉どめをする。凹スナップはもう一方の布に同様の手順で縫いつける。

Arrange
四つ穴ボタンのつけ方アレンジ

24ページで紹介した四つ穴ボタンは、つけ方を変えて楽しむことができます。

クロスがけ…糸をクロスさせるつけ方。色糸を使ってアクセントにしても◯。

鳥足がけ…高級なシャツなどで使われる、鳥足形のつけ方。足のつけ根となる穴から刺し始め、対角線上に渡したあと、左右の穴に通す。

Part 3

サイズが合うと
着心地もアップ
しますよ

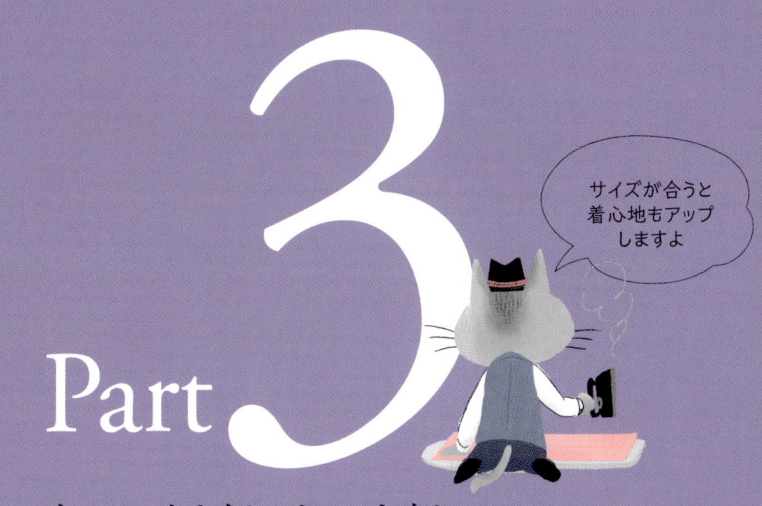

丈つめ、すそ出し、ウエスト直し……
サイズ調整のお直し

試着をしないまま、勢いで買ってしまった洋服。
いざ着てみると、サイズが合わないなんてことはよくあります。
サイズ直しの方法をきちんと知っておくと、
オーダーメイド服のようにジャストサイズで楽しめます。

PROBLEM SOLVING
RESIZE #01

パンツの丈を短くしたい!
― 三つ折りにしてまつる ―

サイズのお直しのなかでリクエストが多いのは、パンツの丈つめ。縫い目の目立たないまつり縫いで、丈つめしたすそを美しく仕上げましょう。

item
フォーマルなレディースパンツ

用意するもの
- 手縫い糸
- 手縫い針
- 裁ちばさみ
- 目打ち
- チャコ
- アイロン台
- しつけ糸
- まち針
- 糸切りばさみ
- ものさし
- アイロン

ココをお直し
パンツの丈を **3cm** 短くする!

1 仕上がりの丈を決める
パンツは靴を履いた状態で長さのバランスを確かめる。余分なすそを内側に折り込み、まち針でとめる。今回は3cm丈を短くする。

2 つくりを確認する
すその部分を裏返し、どのようにすその始末をしているのかを確認する。

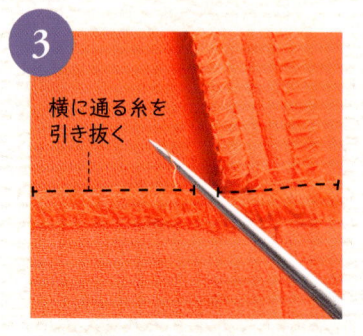

3 まつり縫いをほどく
すそのまつり縫いをほどく。ミシンでまつってある場合、布端と平行に通っている直線の糸を目打ちで引き抜くと、するすると糸がほどける。

（横に通る糸を引き抜く）

4 アイロンで折り目を伸ばす
元の折り目をアイロンで伸ばす。素材によっては、あて布が必要な場合もあるため、事前に素材を確認してからアイロンをかける。

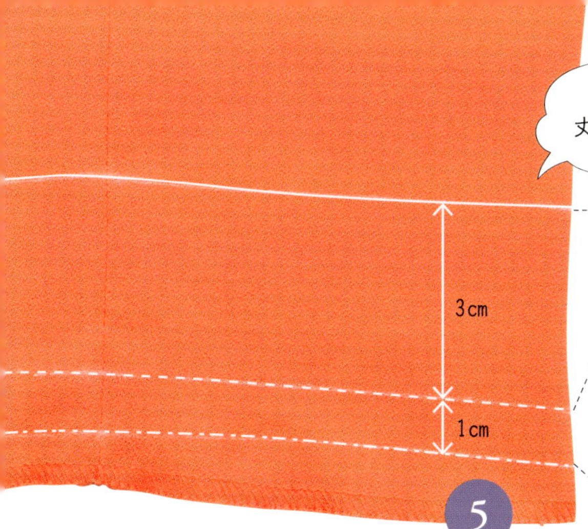

3cm
丈を短く！

仕上がり線

3cm

1cm

元の仕上がり線
仕上がり線から3cm下に二つ折りの線を引く。今回は元の仕上がり線の位置が二つ折りの線の位置となる

裁断線

5 印をつけて余分なすそを裁つ

今回は3cm丈をつめるため、元の折り目から3cmのところに仕上がりの印をつけ、折り代として3cm、その下に裁断線1cmの印をつける。裁断線にそって余分なすそを裁つ。

6

ココを確認

仕上がり線

折り代の幅を確認する

折り代を仕上がり線で折り上げ、幅の差を確認する。折り代の幅が足りていない場合すそをまつった表地の部分がひきつれを起こすため、同寸にする必要がある。

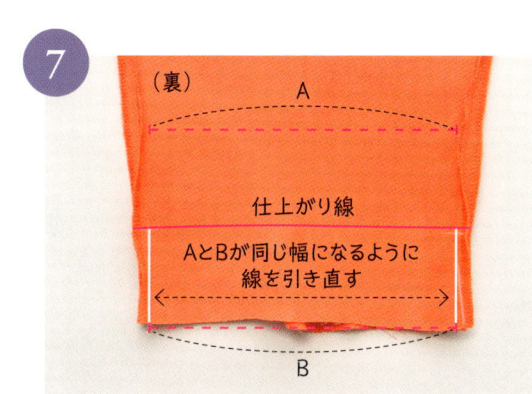

7

（裏）
A
仕上がり線
AとBが同じ幅になるように線を引き直す
B

折り代の幅を合わせる

仕上がり線で折り上げた場合、写真のAとBの幅が同じになるように、両脇の縫い代線を引き直す。

ミシン目と重ねる

引き直した線にそって並縫いする。元のミシン目に1cmほど重ねて縫う。元のミシン目をほどき、縫い代を割る。

並縫い
(p.19)

8

（裏）

折り代を折ってしつけをする

折り代を二つ折りと仕上がりの線に合わせてアイロンで折り、しつけをする。

9

奥まつり
(p.20)

すそをまつる

表布と折り代をまつり縫いする。このとき、内股の縫い代から縫い始めると、糸の始末が目立たない。一周まつったら、しつけを外す。

10

完成！

もう片方のパンツ丈も同様につめたら、できあがり。

これがきほんの丈つめです！

PROBLEM SOLVING
FINISH!

Part 3 サイズ調整のお直し・パンツの丈を短くしたい！──三つ折りにしてまつる──

47

PROBLEM SOLVING
RESIZE #02

パンツの丈を短くしたい!
― バイアステープでまつる ―

素材やデザインによっては、#01の三つ折りだとすそに厚みが出てしまうことがあります。
厚みを出したくないときはバイアステープを使ってお直しするのがおすすめです。

item
すそがシェイプされたレディースパンツ

用意するもの
- 手縫い糸
- しつけ糸
- 両折バイアステープ（幅18mm以上）
- 手縫い針
- まち針
- 裁ちばさみ
- 糸切りばさみ
- ものさし
- チャコ
- アイロン
- アイロン台

ココをお直し
パンツの丈を
3.5cm 短くする!

1 まつり糸をほどく
採寸して仕上がり丈を決めたら（p.13）、すその始末や裏地がついてないかを確認し、まつり縫いをほどく。すそをほどいて、折り目をアイロンで伸ばす。

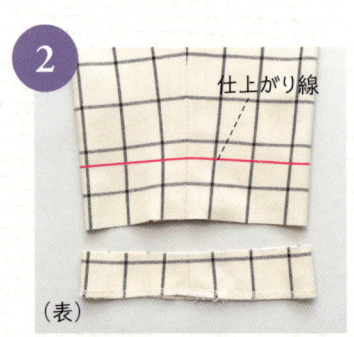

2 印をつけて余分なすそを裁つ
元の折り目から3.5cm測ったところに仕上がりの印をつけ、そこから折り代を4cmとる。余分なすそを裁つ。

3 折り代の幅を合わせる
並縫い（p.19）
p.47手順⑥〜⑦の要領で、折り代を仕上がり線で折り、幅が短い場合は折り代の幅を広げて並縫いする。

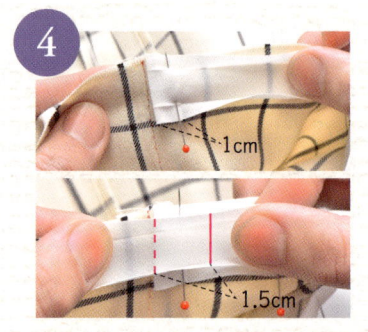

4 バイアステープをまち針でとめる
バイアステープの折り代を開き、パンツと中表に合わせる。端を1cm折り返し、パンツのすそにまち針でとめていく。最後は1.5cm重なる長さで切る。

⑤
バイアステープを縫う
パンツのすそに近い側のバイアステープの折り山とパンツを並縫いで縫い合わせる（写真は折り代を仕上がり線で折り上げた状態）。

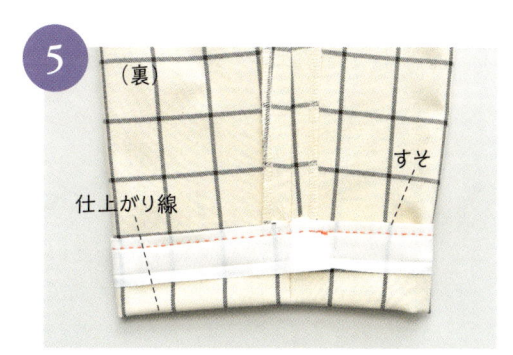

プロのテクニック
バイアステープの縫い方 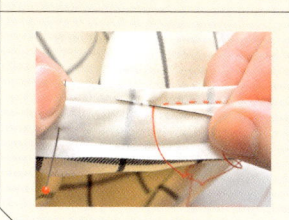
折り山の0.1cm上を縫います。こうすると、バイアステープの折り目を返したときに、表布が引きつれたりすることなく仕上がります。

⑥ バイアステープを折り上げる

仕上がり線で折り上げていた折り代を下ろす。次にバイアステープを並縫いした折り山にそって折り返し、アイロンで押さえる。

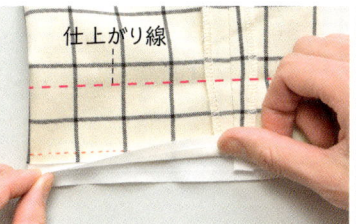

パンツのすそにそってバイアステープを折り返し、再度アイロンで押さえる。

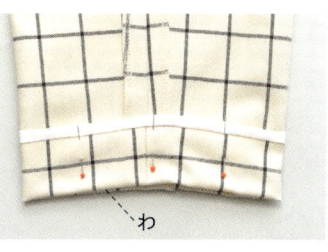

折り代をパンツの仕上がり線で折り、まち針でとめる。

⑦
すそにしつけをする
バイアステープのすぐ下のあたりに、しつけをする。

⑧
奥まつり（p.20）

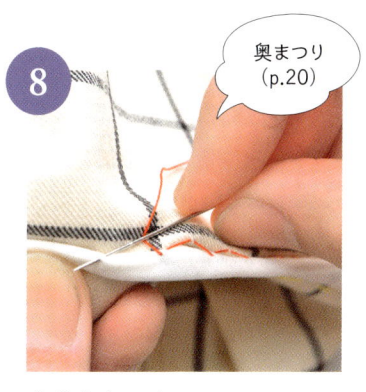

すそをまつる
表布と折り代を奥まつりで一周まつる。まつり終わったらしつけを外す。

⑨
完成！
もう片方の丈も同様につめたら、できあがり。

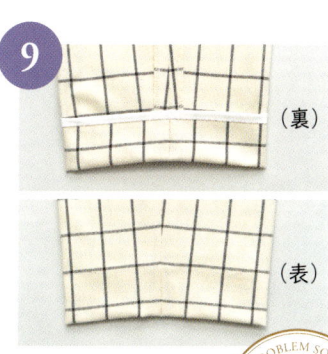

PROBLEM SOLVING
FINISH!

Part 3　サイズ調整のお直し●パンツの丈を短くしたい！──バイアステープでまつる──

• PROBLEM SOLVING •
RESIZE
#03

パンツの丈を長くしたい！
— ダブルをシングルに出す —

紳士ものや制服に多いすそがダブルのパンツは、ダブルの折り返しをシングルにすることで簡単にパンツ丈を長くすることができます。

item
すそがダブルのスラックス

用意するもの
- 手縫い糸
- 手縫い針
- 裁ちばさみ
- ものさし
- アイロン
- しつけ糸
- まち針
- 糸切りばさみ
- チャコ
- アイロン台

ココをお直し
すそをシングルにしてパンツ丈を**2cm**出す！

1 つくりを確認する
表はすそのダブルの長さを測り、裏は縫い代の長さを測る。今回、ダブルの幅は 3.5cm、縫い代は 3cm。

2 折り返しの糸をほどく
ダブルの折り返し部分をとめているスナップ、または縫い目をほどく。

3 まつり縫いをほどく
すそのまつり縫いをほどく。糸がほどきにくい場合は、糸切りばさみで数か所を切ってほどくとよい。

糸をほどくとこんな感じ！

4
アイロンで折り目を伸ばす
ダブルの折り目をアイロンで伸ばす。このとき、センタープレスの折り目にそって、まっすぐアイロンをかけると布のくせが取れやすくなる。

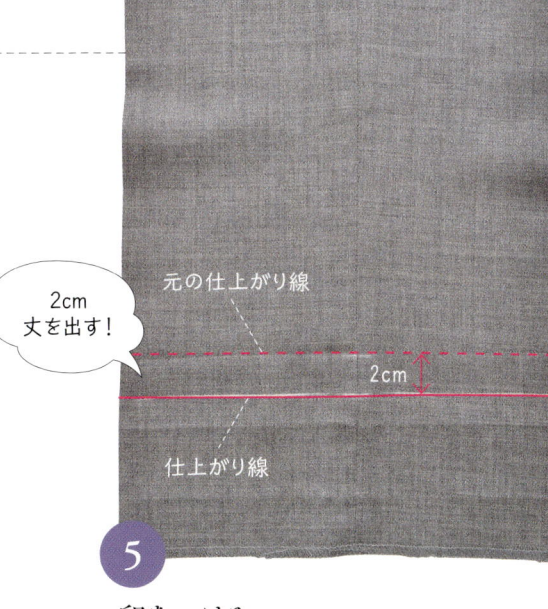

（表）

5
印をつける
今回は2cm丈を出すため、一番上にある元の折り目から2cm下のところに印をつける。

2cm丈を出す！

元の仕上がり線
2cm
仕上がり線

6
折り代の幅を合わせる
折り代を仕上がり線で折り、幅が同じかどうか確認する。

（表）　（裏）

並縫い（p.19）

p.47 手順⑦の要領で、仕上がり線の幅と同じになるように両脇の縫い代の線を引き直し、並縫いする。

並縫いした部分のミシン目をほどき、縫い代を割る。

7
折り代を折ってしつけをする
折り代を仕上がり線で折り、アイロンで押さえてしつけをする。

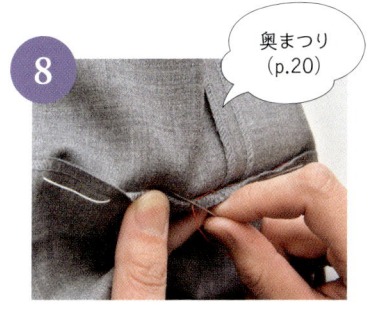

8
すそをまつる
奥まつり（p.20）

表布と折り代を奥まつりで一周まつる。まつり終わったら、しつけを外す。

9
完成!
もう片方も同様に丈を出す。

PROBLEM SOLVING • FINISH!

Part 3 サイズ調整のお直し ● パンツの丈を長くしたい！ ―ダブルをシングルに出す―

PROBLEM SOLVING
RESIZE #04

スカートの丈を長くしたい！
— すそから丈を出す —

スカートやワンピースなどの丈を長くしたい場合、折り代の長さに余裕があれば、簡単に丈を長くすることができます。

item
裏地つきのスカート

用意するもの
- 手縫い糸
- 手縫い針
- 裁ちばさみ
- ものさし
- アイロン
- しつけ糸
- まち針
- 糸切りばさみ
- チャコ
- アイロン台

ココをお直し
スカート丈を **2cm** 出す！

1 つくりを確認する
（裏）
すその始末や、どれくらい丈が出せるのか、折り代の長さを確認します。

2 裏地の糸ループを外す
裏地がついている場合は、表地と裏地をつなぐ糸ループを根元から切って外します。

3 まつり糸をほどく
（裏）
すそのまつり縫いをほどく。糸がほどきにくい場合は、糸切りばさみで数か所を切ってほどくとよい。

4 アイロンで折り目を伸ばす
元の折り目をアイロンで伸ばす。

折り目をきれいに消すのがコツ

（裏）

元の仕上がり線
2cm
仕上がり線

2cm
丈を出す！

5 印をつける

今回は2cm丈を出すため、元の仕上がり線から2cm下のところに印をつける。すそを出す場合、折り代の分量は、最低でも元の長さの半分は残すこと。

6 折り代を折ってまち針でとめる

（裏）

折り代を仕上がり線で折り、まち針でとめる。

7 しつけをする

表布と折り代にしつけをして、まち針を外す。

8 すそをまつる

奥まつり（p.20）

表布と折り代を奥まつりでまつる。ぐるりと一周まつったら、しつけを外す。

プロのテクニック

ロックミシンをガイドラインに！

奥まつりでまつる場合、ロックミシンの糸（布端と平行に通っている直線の糸）のあたりを目指してすくうと、まっすぐ縫い進めることができます。

9 糸ループをつける

※糸ループのつくり方はp.21を確認！

（裏）

両脇の縫い代と裏地を糸ループでつないで、できあがり。

10 完成！

PROBLEM SOLVING
FINISH!

Part 3 サイズ調整のお直し●スカートの丈を長くしたい！──すそから丈を出す──

53

PROBLEM SOLVING
RESIZE #05

スカートの丈を短くしたい!
— ウエストラインでつめる —

すそにあしらいのあるスカートは、下から丈をつめてしまうと印象が変わってしまいます。ウエストラインから丈をつめるのがおすすめです。

ココをお直し
スカート丈を **10cm** 短く!

item
すそに柄のあるギャザースカート

用意するもの
- 手縫い糸
- しつけ糸
- ウエストゴム(2cm幅)
- 手縫い針
- まち針
- 裁ちばさみ
- 糸切りばさみ
- ものさし
- チャコ
- アイロン
- アイロン台

1 つくりを確認する
スカートのベルトの見返し部分を見て、どのように縫われているのか確認する。今回はベルトのなかにゴムが通してあるタイプのスカート。

2 ベルトを外す
ベルトとスカートが縫い合わせてある部分の糸をほどき、ベルト布を外す。

3 ウエストのゴムを抜きギャザーをほどく
なかのゴムを抜いたあと、ギャザーをとめていた縫い目もほどいて、アイロンでギャザーのしわを伸ばす。

4 ウエストラインに印をつける
今回は10cm丈をつめるため、本体布のウエスト位置にある元の仕上がり線から10cmのところに仕上がり線の印をつけ、その1.5cm上に裁断線の印をつける。

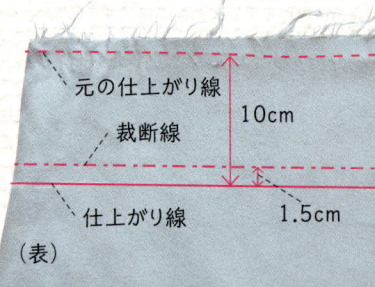

元の仕上がり線
裁断線
10cm
仕上がり線
1.5cm
(表)

⑤ 余分な布を裁つ

裁断線にそって余分な布を裁つ。

(表)

⑥ ウエストにギャザーを寄せる

仕上がり線の0.2cm縫い代側を、2本どりしつけ糸で細かく並縫いする。ウエストまわりを並縫いしたら、指で布を寄せながら、しつけ糸を引いてギャザーを寄せる。

⑦ ベルトをまち針でとめる

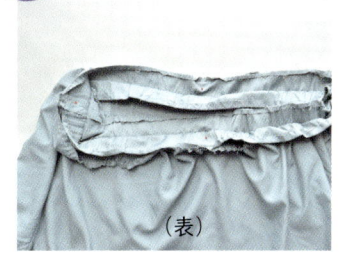

ベルトの長さと本体布のウエストの長さを合わせて、アイロンで軽くギャザーを押さえる。ベルトの見返し(表)とスカートの縫い代(裏)を合わせ、まち針でとめる。

(表)

⑧ ベルトを縫いつける

ベルトの見返しとスカートを並縫いする。このとき、縫い目がずれないように、ところどころ返し縫いする。最後はゴム通し口として5〜6cmあけたままに。

5〜6cm

⑨ ベルトとスカートを縫い合わせる

縫い代をベルト側に倒しアイロンで押さえて、縫い目を隠すようにベルト布をかぶせ、ベルトのきわの部分を細かい並縫いで一周する。

並縫い(p.19)

⑩ ベルトにゴムを通す

ウエストゴムをベルトに通し、ゴムの端同士を2か所縫いとめてベルト内に入れ込む。ゴム通し口としてあけておいた部分は、まつり縫いでとじる。

(裏)

⑪ ゴムを伸ばしてギャザーを整える

ウエストゴムの部分を何度か引っ張り、ギャザーのバランスを整えて、できあがり。

⑫ 完成!

PROBLEM SOLVING
FINISH!

Part 3 サイズ調整のお直し●スカートの丈を短くしたい!──ウエストラインでつめる

PROBLEM SOLVING
RESIZE #06

シャツの すそを上げたい!
― メンズシャツをレディース丈に ―

シャツのすそ上げは、左右の身ごろが対称になるように気をつけることと、脇のカーブをゆるやかに仕上げるのがポイントです。

item
メンズの ボタンダウンシャツ

用意するもの
- 手縫い糸
- 手縫い針
- 裁ちばさみ
- ものさし
- アイロン
- しつけ糸
- まち針
- 糸切りばさみ
- チャコ
- アイロン台

ココをお直し
シャツのすそを **7cm** 短く!

シャツの すそ上げは 簡単!

1 仕上がり丈を決める
(表)

前後のバランスを見ながら、すそを内側に折り込み、まち針でとめる。この段階で一度試着してみて、問題がなければ、内側に折ったすその長さを測る。

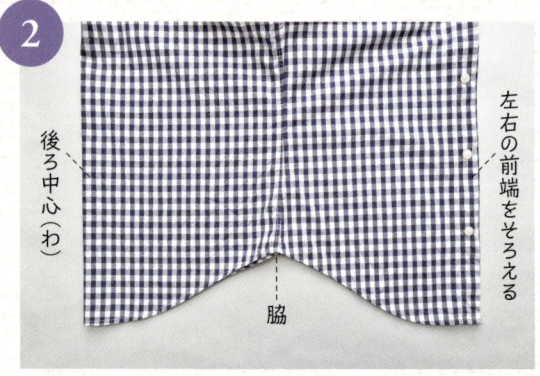

2 後ろ身ごろの中心から折る

後ろ中心（わ）
左右の前端をそろえる
脇

後ろ身ごろの中心からシャツを折る。

(表)

7cm 丈を短く

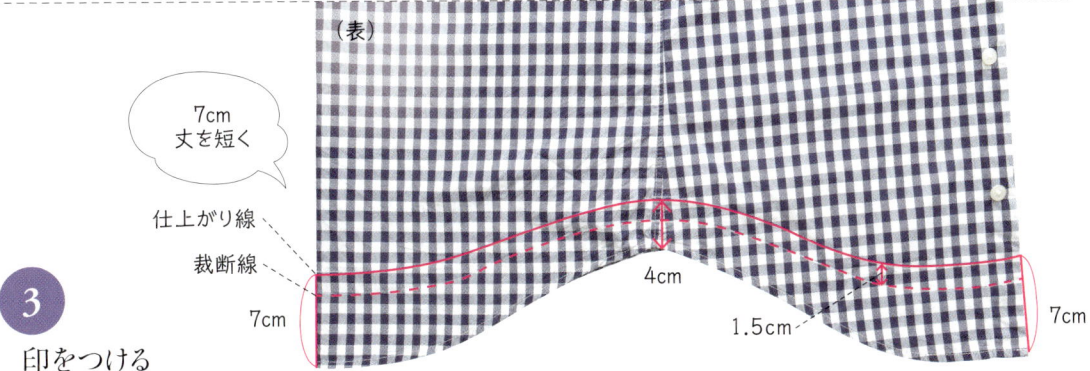

仕上がり線
裁断線
7cm
4cm
1.5cm
7cm

3 印をつける

今回は7cm丈をつめるため、すそから7cmのところに印をつけ、その下に三つ折り分の縫い代として1.5cm（0.75cm+0.75cm）の印をつける。

Point! このとき、前後から脇にかけてのカーブをゆるやかにすると手縫いでも縫いやすくなります。今回は脇のつめ幅を4cmにして前後の線とつなげます。

4 余分なすそを裁つ

(表)

裁断線にそって余分なすそを裁つ。

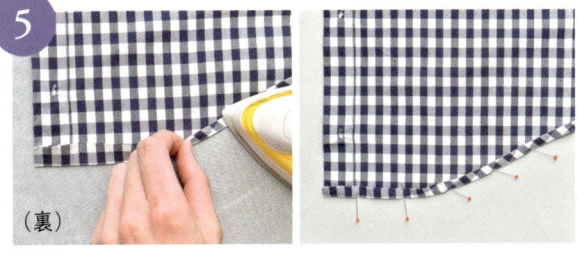

5 折り代を折ってまち針でとめる

(裏)

すその縫い代を三つ折りし、アイロンで押さえる。しっかりとくせがついたら、まち針で三つ折りをとめる。

6 すそを縫う

(裏) 並縫い (p.19)

並縫いですその三つ折りを縫う。ミシンのステッチのように細かく縫うと、仕上がりが美しい。

7 完成！

すその左右両端まで縫ったら、できあがり。

PROBLEM SOLVING FINISH!

Part 3 サイズ調整のお直し ● シャツのすそを上げたい！ ―メンズシャツをレディース丈に―

PROBLEM SOLVING
RESIZE #07

スカートの
ウエストをつめたい!

スカートのウエストサイズを調整したいときは、両脇の縫い合わせ部分からつめていくのがきほんです。
ここでは、ベルトがついている場合の直し方に挑戦。

item
フレアースカート

用意するもの
- 手縫い糸
- 手縫い針
- 裁ちばさみ
- ものさし
- アイロン
- しつけ糸
- まち針
- 糸切りばさみ
- チャコ
- アイロン台

ココをお直し
ウエストを **4cm** つめる!

---

1 つくりを確認する
両脇からウエストをつめる

スカートを裏返してベルトがどのように縫われているか、両脇の縫い合わせの始末などを確認する。 
（裏）

2 仕上がりサイズを決め、まち針でとめる

スカート脇からつめたい分量をつまみ、まち針でとめ、つめるサイズを測る。今回は4cm縮めたいので、両脇から2cmずつつめる。 
（表）

3 ベルトの脇の縫い目をほどく

ベルトの縫い目を脇の中心から左右約10cmずつほどく。 
ベルト／10cm／10cm／脇
（裏）

4 ベルトの縫い代に合印を入れる

表ベルトの縫い代とスカートの縫い合わせの位置が重なる部分を切り込み、合印を入れる。
合印

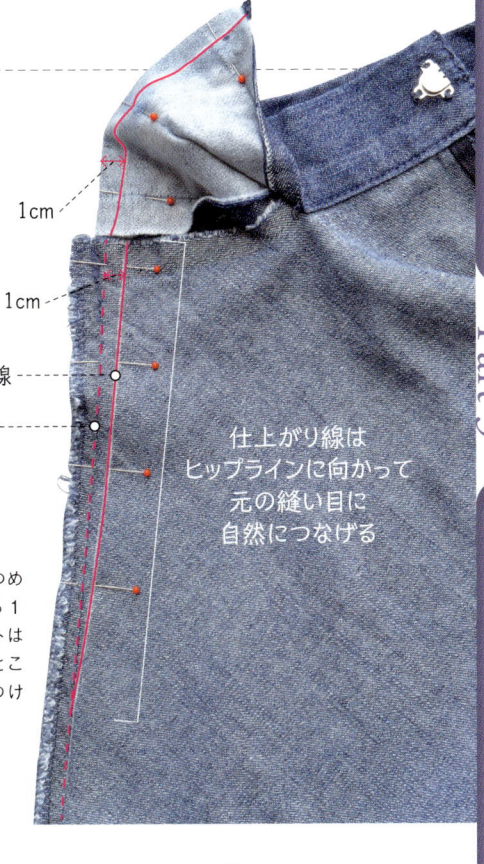

ウエストを
4cmつめる！

1cm
1cm
仕上がり線
元の仕上がり線

仕上がり線は
ヒップラインに向かって
元の縫い目に
自然につなげる

Part 3 サイズ調整のお直し・スカートのウエストをつめたい！

5 ベルトを開いて、わにする

縫い目をほどいたベルトを開き、合印でわになるように折り、まち針でとめる。

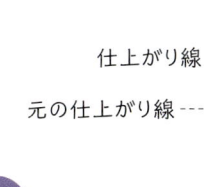

わ
裏ベルト
表ベルト
（裏）

6 印をつける

今回は4cmウエストをつめるため、ベルトはわから1cmのところに、スカートは元の縫い目から1cmのところに仕上がり線の印をつける。

7 仕上がり線を縫う

ベルトとスカートの仕上がり線にそって本返し縫いする。元のミシン目に重なる部分は1cmほど重ねて縫ったら玉どめし、元のミシン目をほどく。

つづけて縫う
（裏）
本返し縫い
(p.19)

8 ベルトのわを切る

ベルトのわの部分を裁ち、縫い代を開く。

9 ベルトとスカートを縫い合わせる

表ベルトとスカート本体の縫い代を中表に合わせて並縫いする。次に縫い代をベルト側に倒しアイロンで押さえて、裏ベルトをかぶせる。ベルトのきわの部分を細かく並縫いする。

縫い目が
つながるように
並縫い
(p.19)

10 完成！

PROBLEM SOLVING
FINISH!

両脇のベルトとスカートを縫い合わせたら、できあがり。

59

PROBLEM SOLVING
RESIZE #08

パンツの ウエストを出したい!

1cm程度のウエスト出しは前中心のカギホックを移動するだけでも対応できますが、それ以上のパンツのウエスト出しは、後ろパンツのベルトと股上の縫い目を調節します。

ココをお直し
ウエストを3cm出す!

item
メンズのパンツ

用意するもの
- 手縫い糸
- 手縫い針
- 裁ちばさみ
- 目打ち
- チャコ
- アイロン台
- しつけ糸
- まち針
- 糸切りばさみ
- ものさし
- アイロン

1 仕上がり幅を決める

元の前端の位置　試着したときの前端の位置

パンツを試着した状態でホックの開き具合を見る。元の前端の位置にしつけ糸で糸印をつけ、長さを測る。

2 つくりを確認する

ココの縫い代幅を確認する

後ろパンツのベルトの見返し部分の始末と、股上の縫い代幅がウエストを出したい長さに足りているかを確認する。

3 ベルトの見返しをほどく

5〜6cm　5〜6cm
(裏)

ベルトの見返しの縫い目（まつりどめや一点どめで処理されている場合もある）を、中心から左右に5〜6cmずつほどく。

4 アイロンで折り目を伸ばす

(裏)

パンツを上写真のように中表状態にする。割ってある股上の縫い代を2枚合わせ、折り目をアイロンで伸ばす。

- 1.5cm
- 仕上がり線
- 元の仕上がり線

> 3cm ウエストを出す！

5 印をつける

今回はウエストを3cm出したいので、股上の元の縫い目から1.5cm外側に印をつける。仕上がり線は股上から股下に向けて自然に元の縫い目につなぐ。

(裏)

6 後ろ中心を縫う

> 本返し縫い (P.19)

糸を2本どりした針で、仕上がり線を本返し縫いし、元のミシン目に1～1.5cmほど重ねる。

プロのテクニック

ベルト下の後ろ中心を合わせましょう

ベルトの縫い目と後ろ中心の縫い目が1本の線のようにつながるように、ベルトとパンツの股上が交差する地点をまち針でとめて、位置を固定しましょう。

7 元の縫い目をほどく

本返し縫いと重なる位置からほどく

糸切りばさみで元の仕上がり線のミシン目をほどく。

8 縫い代を割る

股上の縫い代を割り、アイロンで押さえる。

(裏)

9 縫い目の跡をなじませる

パンツを表に返す。股上に残る元のミシン目の穴を目打ちでなじませる。

(表)

10 見返しを縫う

> 並縫い (p.19)

最初にほどいた見返し部分を並縫いで縫う。このとき、ベルトとパンツの縫い合わせ部分から針を通すと、表の縫い目が目立ちません。

(表)

11 完成！

ベルトや股上についた元の折り目を、アイロンで伸ばしたら、できあがり。

PROBLEM SOLVING FINISH!

Part 3 サイズ調整のお直し・パンツのウエストを出したい！

PROBLEM SOLVING
RESIZE #09

シャツの袖を短くしたい！

シャツの袖つめは、カフスを外してから袖丈をつめます。袖を短くすることで、剣ボロと呼ばれる袖先のあきが、短くなりすぎないように注意しましょう。

item
クレリックシャツ

用意するもの
- 手縫い糸
- 手縫い針
- 裁ちばさみ
- ものさし
- アイロン
- しつけ糸
- まち針
- 糸切りばさみ
- チャコ
- アイロン台

ココをお直し
袖丈を **3cm** 短く！

1 仕上がり丈を決める

袖口ではなく、ひじの上あたりで袖を折り返し、仕上がり丈を決める。今回は3cm袖丈をつめる。

2 剣ボロの長さを測る

袖丈をつめたときの袖口のバランスを確認するため、剣ボロのあきの長さを測る。今回は8.5cmあいており、3cmつめると5.5cmのあきに仕上がる。

あくところまで

3 剣ボロからタックまでの長さを測る

袖を切ったあとに再度タックをとるため、剣ボロからタックまでの長さを測る。今回は4.5cmの位置にタックをとっている。

タックの入る位置まで

4 カフスを外す

袖と縫い合わせてあるカフスの縫い目をほどき、カフスを外す。

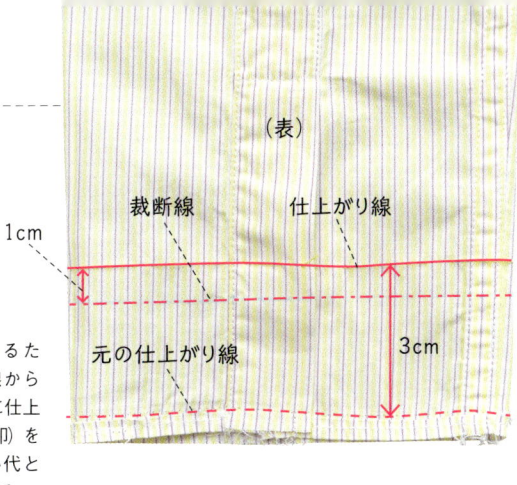

(表)

1cm
裁断線
仕上がり線
元の仕上がり線
3cm

5 カフスの長さを測る

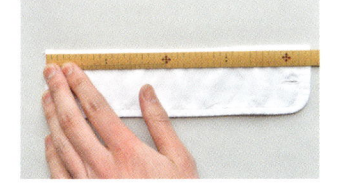

カフスの長さを測る。今回は22cm。

6 印をつける

今回3cm袖をつめるため、元の仕上がり線から3cm測ったところに仕上がりの印（ここでは糸印）をつけ、その下に縫い代として1cmの印をつける。

7 余分な丈を裁つ

（表）

裁断線にそって余分な丈を裁つ。

8 タックをとる

袖まわりの長さを測り、カフスの長さを差し引いた長さがタックの分量になる。今回は26cm（袖まわり）−22cm（カフス）＝4cm（タック）となるので、2cm幅のタックをとる。

9 袖口にカフスをしつけする

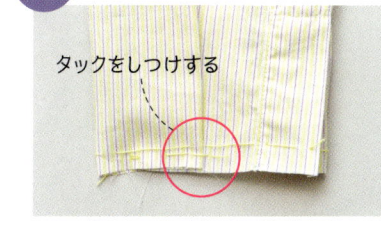

タックをしつけする

③で測った元のタックと同じ4.5cmの位置にタックをとり、ずれないようにしつけをする。

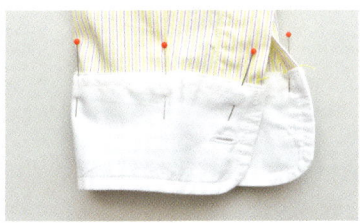

カフスの間に袖をはさみ込む。袖の仕上がり線にカフスの端がくるように位置を合わせ、まち針でとめる。

カフスの元の縫い目より0.2cmほど下にしつけをし、袖とカフスを固定する。

10 カフスを縫う

脇のステッチまで

本返し縫い (p.19)

カフスの元の縫い目をなぞるように、本返し縫いで袖とカフスを縫い合わせる。カフスの両端は脇のステッチまで重ねて縫う。

11 完成！

もう片方の袖も同様につめて、できあがり。

PROBLEM SOLVING
FINISH!

Part 3　サイズ調整のお直し●シャツの袖を短くしたい！

PROBLEM SOLVING
RESIZE #10

ジャケットの袖を短くしたい！

ジャケットの袖口から丈をつめる場合、ボタン位置や袖口のデザインを事前に確認し、バランスが悪くならないように気をつけましょう。

item
裏地つきのレディースジャケット

用意するもの
- 手縫い糸
- 手縫い針
- 裁ちばさみ
- ものさし
- アイロン
- しつけ糸
- まち針
- 糸切りばさみ
- チャコ
- アイロン台

ココをお直し
袖丈を **3cm** 短く！

1 つくりを確認する
袖口のボタンがどの位置についているか、袖口からボタンまでの長さと、ボタン位置の間隔を測ります。

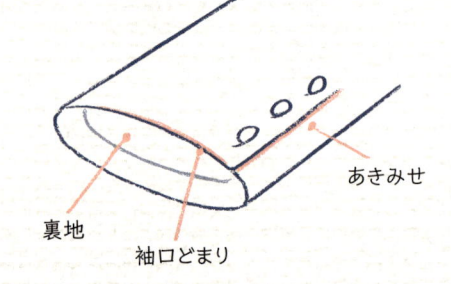

（図：裏地／袖口どまり／あきみせ）

2 袖口のボタンと裏地を外す
袖からボタンを外す。袖口をめくり、裏地のまつり縫いをほどく。

3 あきみせをほどく
あきみせ部分の縫い目をほどき、袖口の折り代を広げる。

（表）

> 3cm 袖を短く！

4 印をつける

今回は3cm袖をつめるため、元の仕上がり線の3cm上に仕上がりの印をつけ、そこから5cm下に裁断線の印をつける。裏地も同様に仕上がりの印をつけるが、裁断線は仕上がりの1cm下につける。

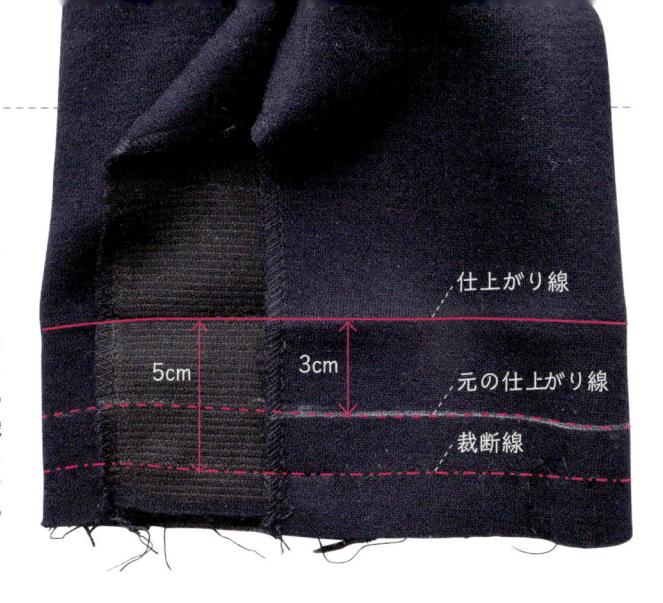

仕上がり線
元の仕上がり線
裁断線

5 余分な丈を裁つ

表地と裏地、それぞれ裁断線にそって余分な丈を裁つ。

(表) (裏)

6 袖口どまりを縫う

あきみせのかぶせ側にある袖口どまり部分を仕上がり線にそって並縫いし、元の縫い目をほどく。

(表)

7 袖口を表に返す

袖口の折り代を袖口どまりの縫い目から内側に折り、角になる部分を指で押さえながら表にひっくり返す。

Part 3 サイズ調整のお直し●ジャケットの袖を短くしたい！

8 あきみせをかがる

袖口を仕上がりで折り上げたら、あきみせの部分をしつけし、千鳥がけでまつる。

千鳥がけ
(p.21)

9 袖口をまつる

袖口をまつる。細かい縫い目でまつると布にあそびが無くなり、表の布がつれたりしやすいため、大きい縫い目でまつる。

10 裏地を折る

縫い代を1cm折り上げ、アイロンで押さえる。

11 縫い合わせ位置を合わせる

裏地がねじれていないかを確認し、表地と裏地の縫い合わせ位置を合わせる。

12 表地と裏地をまち針でとめる

裏地の生地が余らないように注意しながら表地と合わせ、まち針でとめる。

13 裏地をまつる

裏地をまつり縫いで細かくまつり、表地と縫い合わせる。

14 ボタン位置に印をつける

袖を表に返し、手順①で測っておいたボタン位置に印をつける。

15 完成!

ボタン位置に付属のボタンをつける(p.67)。もう片方の袖も同様につめて、できあがり。

PROBLEM SOLVING
FINISH!

こんなときは？

足つきボタンのつけ方

足つきボタンとは、穴の代わりとして裏に足がついたボタン。
ジャケットや学生服などによく使われています。

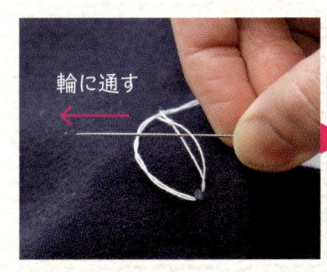

1 つける位置をすくい、糸の輪に針を通す

糸を2本どりした針で布をひと針すくい、糸端の輪に針を通して糸を引く。

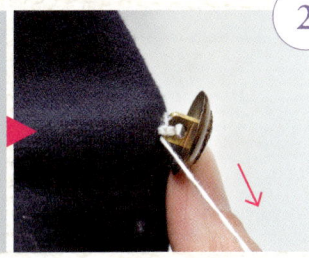

輪に通す

2 ボタンの足に針を通し、布に縫いつける

ボタンの足に針を通し、布に縫いつける。これを2～3回くり返す。

3 ボタンの足に糸をひと巻きする

縫い終わりはボタンの足と布の間に糸をひと巻きし、糸の輪に針を通して引っ張る。

4 ボタンの足元の糸に針を通す

ひと巻きした糸に針を2回通したあと、裏側に針を出して糸を切る。

Part 3 サイズ調整のお直し●ジャケットの袖を短くしたい！

PROBLEM SOLVING RESIZE #11

タンクトップの肩をつめたい！

タンクトップの胸元があきすぎていたり、
肩ひもが長く感じる場合は、
肩の縫い合わせ部分をつめて短くしましょう。

ココをお直し
肩山の長さを **4cm** つめる!

item
カットソーのタンクトップ

用意するもの
- 手縫い糸
- 手縫い針
- まち針
- 糸切りばさみ
- ものさし
- チャコ
- アイロン
- アイロン台

---

1 仕上がり丈を決め印をつける

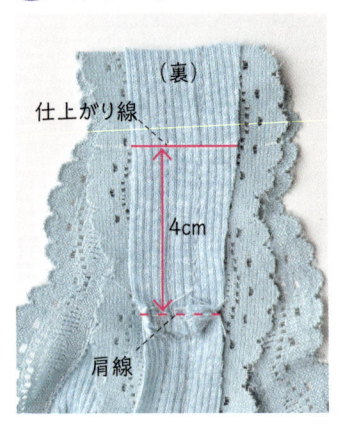

（裏）
仕上がり線
4cm
肩線

タンクトップを裏返し、肩の縫い目（肩線）から後ろ身ごろに向かって、4cm測ったところに印をつける。今回は装飾レースの幅を合わせるために後ろ身ごろ側でつめるが、装飾レースがない場合は肩線を中心に前後同寸でつめるのが一般的。

2 仕上がり線と肩線を合わせて折る

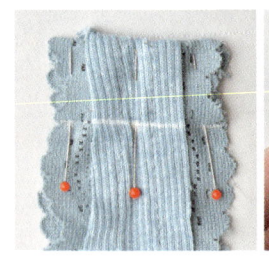

半返し縫い（p.19）

仕上がり線と肩線を合わせて折り、まち針でとめる。仕上がり線を半返し縫いで縫う。

3 縫い代をまつる

（裏）

余分な縫い代は後ろ側に倒し、まつり縫いで縫いとめる。

4 完成！

PROBLEM SOLVING **FINISH!**

タンクトップを表に返し、縫い目に軽くアイロンを当てる。反対側の肩も同様につめたら、できあがり。

プロのテクニック

端は巻き込むように縫う

手順②の縫い始めと縫い終わりは、前後の両端を巻き込むように縫いとめましょう。

PROBLEM SOLVING
RESIZE #12

キャミソールのひもを短くしたい!

デザインによっては、アジャスターのついていないキャミソールがあります。その場合は、ひもの根元を切って長さを調節しましょう。

ココをお直し
肩ひもの長さを**4cm**つめる!

item
カットソーのキャミソール

用意するもの
- 手縫い糸
- 手縫い針
- まち針
- 裁ちばさみ
- 糸切りばさみ
- ものさし
- チャコ

---

1 仕上がり丈を決め印をつける

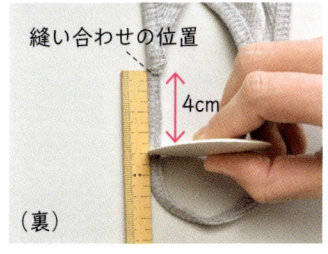

肩ひもと後ろ身ごろの縫い合わせ位置から4cm測ったところに仕上がりの印をつける。

2 ひもを切る

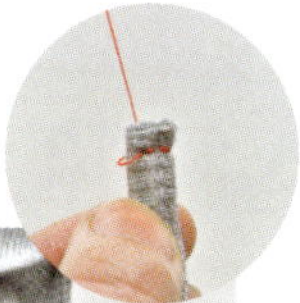

後ろ身ごろの縫い合わせ位置から1cm残し、肩ひもを切る。ひも先は両脇を巻き込むように縫ってほつれを防ぐ。

3 ひもを縫う（本返し縫い p.19）

後ろ身ごろに肩ひもの仕上がり線を合わせて、本返し縫いで縫い合わせる。

4 ひもの先を身ごろに縫いつける

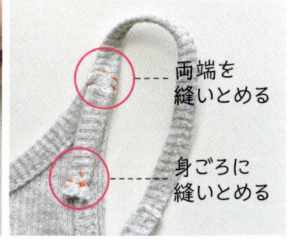

両端を縫いとめる
身ごろに縫いとめる

ひもを後ろ身ごろ側に倒し、両端を縫いとめる。ひも先は身ごろ側の表にひびかないところに縫いとめる。

5 完成!

PROBLEM SOLVING **FINISH!**

反対側の肩ひもも同様に短くしたら、できあがり。

Part 3 サイズ調整のお直し ● タンクトップの肩をつめたい!/キャミソールのひもを短くしたい!

PROBLEM SOLVING
RESIZE #13

ノースリーブの脇をつめたい！

「ノースリーブのあきすぎが気になって一枚で着られない」という場合は、身ごろの脇をつめて袖ぐりを狭くしましょう。

ココをお直し
脇を3cmつめる！

item
ノースリーブブラウス

用意するもの
- 手縫い糸
- 手縫い針
- 裁ちばさみ
- ものさし
- アイロン
- しつけ糸
- まち針
- 糸切りばさみ
- チャコ
- アイロン台

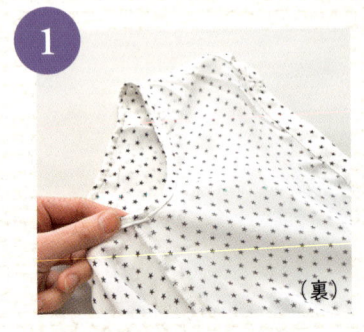

1 つくりを確認する
ブラウスを裏返し、身ごろの脇や袖ぐりの処理を確認する。

2 仕上がりサイズを決め、まち針でとめる
身ごろの脇をつまみ、まち針でとめる。仕上がりのサイズが決まったら、つまんだ分量を測る。

3 袖ぐりのステッチをほどく
脇の縫い合わせ部分を中心にし、前後6cmずつ袖ぐりの縫い目をほどく。

4 アイロンで縫い代を伸ばす
縫い目をほどいた袖ぐりの縫い代を、アイロンで伸ばす。

脇を3cmつめる!

- 1.5cm
- 袖ぐりの仕上がり線
- 脇の仕上がり線
- 元の仕上がり線

仕上がり線は元の縫い目に向かって自然につなげる

5 印をつける
袖ぐりの縫い目と脇の縫い目が交差する位置から印をつける。今回は片側で3cmつめたいので、脇の縫い目から1.5cmのところに印をつける。

6 脇を縫う
並縫い（p.19）

仕上がり線より0.1〜0.2cm外側にしつけをしたあと、並縫いで仕上がり線を縫う。最後はミシン目に1〜1.5cm縫い目を重ねる。

プロのテクニック
袖ぐりはカーブぎみに縫いましょう

外側に向かって

袖ぐりの縫い代は写真のように、外側に向かってカーブぎみに縫っておくと、三つ折りするときに布がつっぱりません。

7 元の縫い目をほどく
脇の仕上がり線を縫った部分の元の縫い目をほどく。

8 余分な縫い代を裁つ
脇全体が均等な縫い代幅になるように、余分な縫い代を裁つ。

9 縫い代をかがる
余分な縫い代を切りとった部分の布端は巻きかがりでほつれどめをする。

巻きかがり（p.19）

10 縫い代を倒し、袖ぐりを縫う
もともと縫い代が倒れていた身ごろ側に、手順⑨でかがった縫い代を倒す。③でほどいた袖ぐりの部分を三つ折りし、並縫いする。

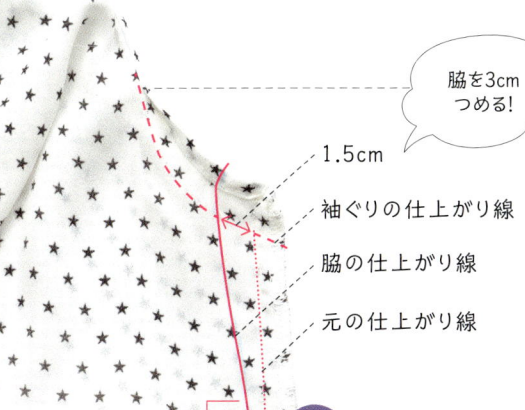

11 完成!
反対側の脇も同様につめたら、できあがり。

PROBLEM SOLVING **FINISH!**

Part 3 サイズ調整のお直し・ノースリーブの脇をつめたい！

IDEA #01

虫食い穴を刺繍で隠す

虫食いにあったジャケットを個性的な刺繍で蘇らせました。1色の糸で刺すワンポイント刺繍なら、ビギナーさんにもチャレンジしやすいでしょう。

プロのセンスが光る
お直しアイデア

ふだんのお直しに少しのアイデアを加えるだけで、ワンランク上質なお直しに！ビギナーさんでも取り入れやすい簡単&素敵なアレンジを紹介します。

刺繍にチャレンジ!

シンプルな図案でも存在感が出て、穴をふさぐのにもぴったりな「サテン・ステッチ」の手順です。

- **刺繍糸**
25番糸が一般的。6本の糸をより合わせてあり、分けて2本や3本どりにする場合も。
- **刺繍針**
フランス刺繍用の針を用意します。3本どりには6番、6本どりには3番がおすすめ。
- 接着テープ
- チャコ

Arrange お直しアイデア ● 虫食い穴を刺繍で隠す

1 (表)
シャツの身ごろにできた穴。ここを補修し、ワンポイント刺繍を施す。穴の大きさと状態を確認。

2 (裏)
穴の大きさに合わせて、接着テープをカットしたら、シャツの裏から穴をふさぐようにテープをつける。

3 (表)
図案を穴の上に写す。今回はクロスの図案をチャコペンで直接書いた。下絵を用意し、チャコペーパーで布に写してもOK。

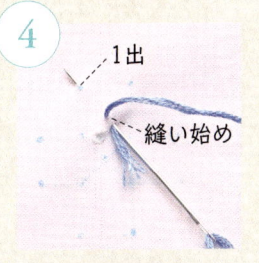

4
1出 / 縫い始め
6本どりの刺繍糸を針に通し、玉結びはせずに、図案の中央あたりをひとすくい。返し針をしたら、クロスの端から針を出す。

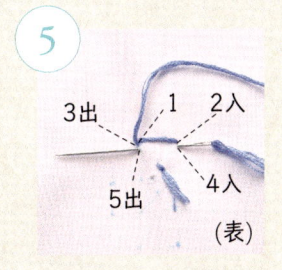

5 (表)
3出 / 1 / 2入 / 5出 / 4入
図案の端から、糸を平行に渡して面を埋めるサテン・ステッチをする。

6
図案の幅に合わせて糸を渡す。布が見えないよう、糸の流れをそろえるようにすると美しいサテン・ステッチに。

7 (裏)
十字に刺し終わったら、図案の裏側の糸に1〜2cm糸をくぐらせて、糸端を切る。

8
完成。サテン・ステッチなら○や□、△などシンプルな図案でも、素敵な仕上がりに。

PROBLEM SOLVING FINISH!

IDEA #02

小さなボタンをまとめて飾りボタンにする

ボタンをつけかえるだけでも、服の印象はガラリと変わります。質感や色の違うボタンやビジューをまとめてつけました。余ったボタンの再利用にもぴったりのアイデアです。

まとめたボタンが元のボタンホールに合わない場合は、飾りボタンにするのが◯。その際は、裏にスナップを縫いつけるとよいでしょう。

IDEA #03

シャツにつけたレースは、ワンピースの取り外した袖（p.88）から再利用しました。丈つめなど、お直しで出たはぎれは、残しておくとこんな場面でも活躍します。

はぎれを重ねて補修＆ワンポイントに

服の穴あきや、シンプルなシャツに飽きたときにおすすめのアイデアです。同系色のはぎれやレースを縫い重ねて、デザインのアクセントにしました。

Arrange

お直しアイデア●小さなボタンをまとめて飾りボタンにする／はぎれを重ねて補修＆ワンポイントに

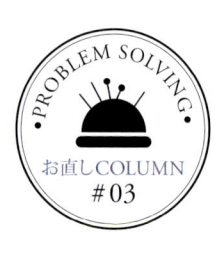

PROBLEM SOLVING
お直しCOLUMN #03

＼すそのお直しは折り代が決め手！／
パンツのシルエットで異なる折り代の形

すそ上げやすそ出しをする場合、折り代が仕上がりの幅と合わないと、すそがつって美しく仕上がらないことも。ここではシルエットの異なる3タイプのパンツを例に、折り代の形の違いをご紹介。

Type A　ストレート
スラックスやワーク系のパンツなど男性ものに多い形。

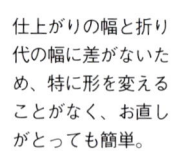

仕上がりの幅と折り代の幅に差がないため、特に形を変えることがなく、お直しがとっても簡単。

Type B　スリム
テーパードパンツなど女性向けデザインに多いシルエット。

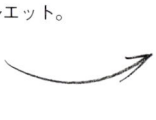

仕上がり線の幅が狭く、折り代はすそに向かって広がる形。折り代と仕上がりの幅を合わせる場合、両脇の縫い代が足りるかの確認が必要。

Type C　フレアー
ブーツカット、パンタロンなどデザインもさまざま。

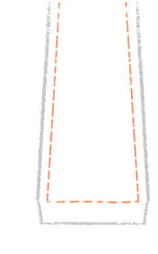

仕上がり線の幅が広い。折り代はすそに向かって幅が狭くなるため、逆台形のような形になるのが特徴。

● 折り代の幅合わせの手順は、p.47の⑥～⑦を参考にしましょう。

Part 4

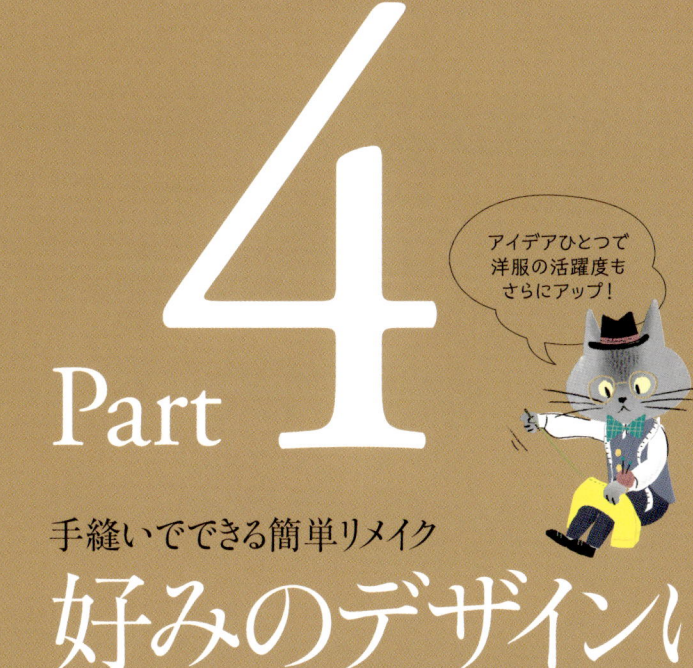

アイデアひとつで
洋服の活躍度も
さらにアップ！

手縫いでできる簡単リメイク
好みのデザインに変えるお直し

デザインに飽きてしまった洋服や手放せない洋服は、
ちょっとした工夫をプラスして、
新しいものにつくり変えてみるのはいかがでしょうか？
一部分を縫い変えるだけでも、まったく別のデザインに早変わり！

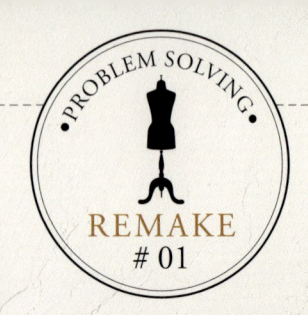

PROBLEM SOLVING
REMAKE #01

Tシャツを好みのシルエットに！

サイズが大きかったり、ラインが気に入らなかったりして、タンスに眠ったままになっているTシャツ。両脇のラインをつめて、身ごろを細くしてみましょう。

Before

item
Tシャツ

用意するもの
- 手縫い糸（レジロン糸）
- しつけ糸
- 手縫い針
- まち針
- 裁ちばさみ
- 糸切りばさみ
- ものさし
- チャコ
- アイロン
- アイロン台

After

Tシャツをリメイクする場合、ウエストを一番細くつめて上下はゆるやかに元の縫い目に戻すのが理想的。

プロのテクニック
伸びる素材を縫うときは……

Tシャツのように伸び縮みする素材を縫うときは、伸縮性のあるレジロン糸がおすすめです。ただ、手縫い糸よりもよじれやすく絡まりやすいため、蝋で糸の繊維を固めてから使用しましょう（p.10参照）。

1 仕上がりのラインを決める

試着した状態で余分な生地を背中でつまみ、まち針でとめてもらう。脱ぐときにまち針が刺さらないよう、針先は下に向けてとめてもらうのがよい。

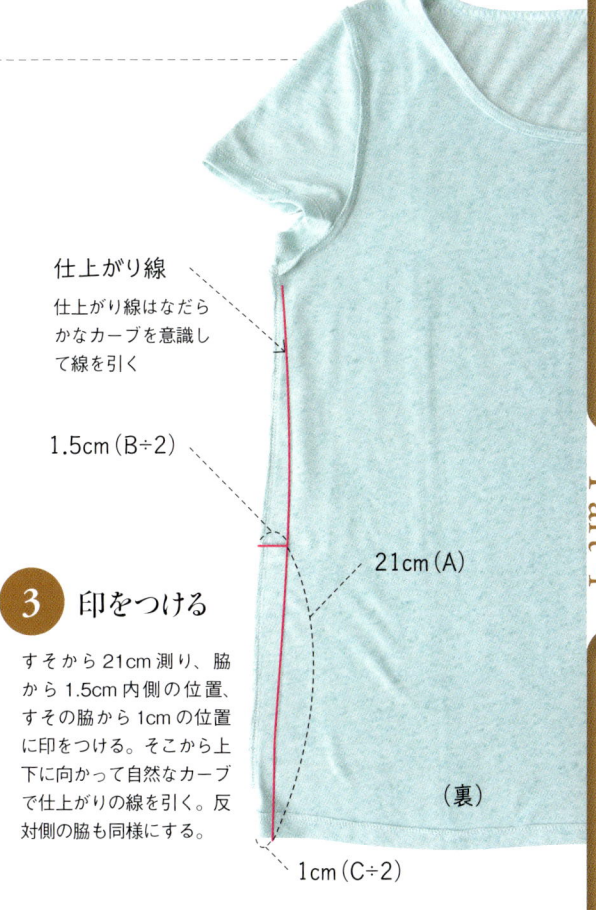

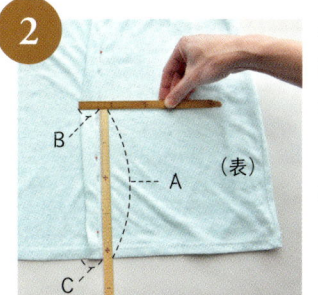

2 つまんだ幅を測る

写真のようにものさしを置き、いちばんつまみ幅の大きい位置の高さ（A＝21cm）と幅（B＝3cm）、すそのつまみ幅（C＝2cm）を測る。

3 印をつける

すそから21cm測り、脇から1.5cm内側の位置、すその脇から1cmの位置に印をつける。そこから上下に向かって自然なカーブで仕上がりの線を引く。反対側の脇も同様にする。

仕上がり線
仕上がり線はなだらかなカーブを意識して線を引く

1.5cm（B÷2）
21cm（A）
1cm（C÷2）
（裏）

4 仕上がり線を縫う

仕上がり線にそって、並縫いする。Tシャツは伸縮素材のため、蝋で固めたレジロン糸を使用するとよい。

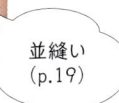

（裏）
並縫い（p.19）

5 余分な縫い代を裁つ

縫い代が1cmになるように裁つ。

6 縫い代をかがる

縫い代の端がほつれないように、脇の下からすそに向かって巻きかがりをする。

（裏）
巻きかがり（p.19）

7

すそ側もかがる

PROBLEM SOLVING
FINISH!

完成！

最後はすそ側もくるむようにかがる。反対側の脇も同様につめて、できあがり。

Part 4 好みのデザインに変えるお直し・Tシャツを好みのシルエットに！

PROBLEM SOLVING
REMAKE #02

シャツの
ウエストラインを絞りたい！

シンプルなシャツに飽きたら、ウエストあたりの位置にダーツを入れてリメイク！
シャツのラインにメリハリができ、より女性らしい印象に。

Before

item
シャツ

用意するもの
- 手縫い糸
- 手縫い針
- 裁ちばさみ
- ものさし
- アイロン
- しつけ糸
- まち針
- 糸切りばさみ
- チャコ
- アイロン台

After

ダーツを入れることでウエストラインがしぼられ、腰まわりがすっきりと見えます。

1 仕上がりのラインを決める

試着した状態で仕上がりのラインを決める。ウエストラインを中心にダーツをつまみ、まち針でとめる。つまんだときにバランスをみながら、ダーツが自然に消えるように上下の起点を決める。ダーツは左右に同じ分量ずつ入れる。

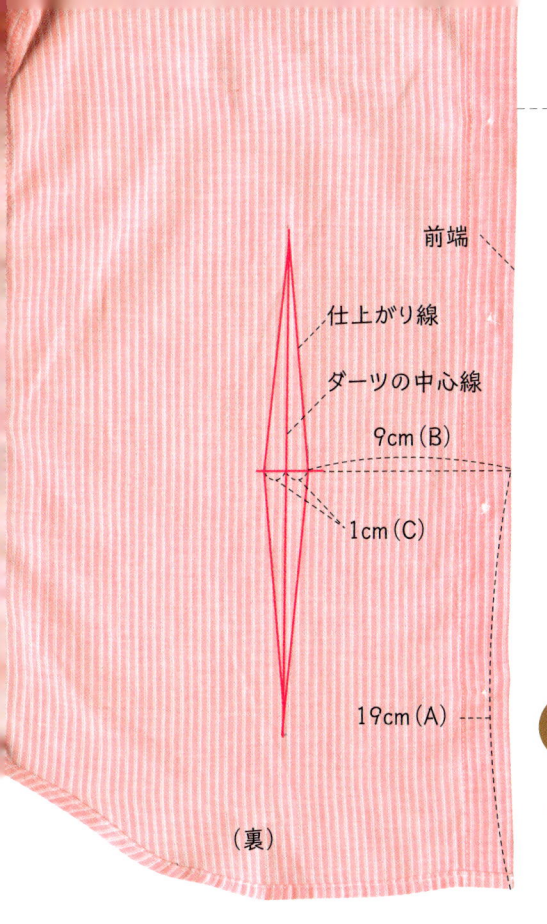

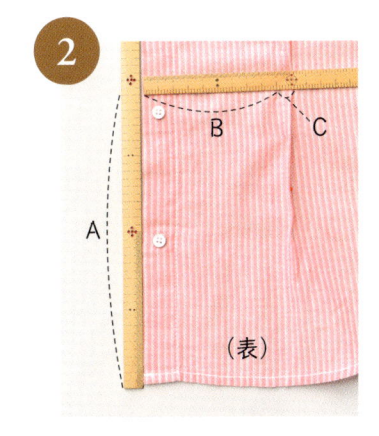

前端
仕上がり線
ダーツの中心線
9cm(B)
1cm(C)
19cm(A)
(裏)

2 ダーツの幅を測る

写真のようにものさしを置き、ダーツ中心の位置（A＝19cm、B＝9cm）、つまみ幅（C＝1cm）を測る。

(表)

3 印をつける

すそから19cm測り、前端から9cm内側の位置にダーツの中心線を引く。そこから左右に1cmずつダーツ幅をとり、ダーツの形になるよう中心線に向かって線を引く。

4 ダーツを半分に折りまち針でとめる

前身ごろをダーツの中心線から折って中表の状態にし、まち針でとめる。

(裏)

5 ダーツにしつけをして、縫う

半返し縫い（p.19）

まずダーツの線のやや外側にしつけをする。次に1本どりの糸で仕上がり線の上を半返し縫いする。

6 アイロンでダーツを倒す

ダーツの中心線にアイロンをかける。前身ごろを広げ、ダーツを前端に向かって倒し、アイロンで押さえる。

(裏)
前端側に倒す

7 完成！

前身ごろを表にし、表からもダーツ部分を軽くアイロンで押さえる。反対側の前身ごろも同様にダーツを入れたら、できあがり。

PROBLEM SOLVING
FINISH!

Part 4 好みのデザインに変えるお直し●シャツのウエストラインを絞りたい！

PROBLEM SOLVING
REMAKE #03

パンツを美脚ラインにしたい！

流行はもちろん、そのときどきの気分しだいで好みのパンツ幅やシルエットは変わります。
ワイド幅のパンツもじょうずにリメイクすれば、ストレートのシルエットパンツに大変身！

item
ワイドシルエットのパンツ

用意するもの
- 手縫い糸
- しつけ糸
- 手縫い針
- まち針
- 裁ちばさみ
- 糸切りばさみ
- ものさし
- チャコ
- アイロン
- アイロン台

Before

After

ひざから下にかけてのラインを好みの幅に調整するだけ。センタープレスのラインがより一層、脚のラインを美しく見せてくれます。

1　仕上がり幅を決め、つめる長さを測る
（表）
試着した状態で後ろパンツの中心をつまみ、まち針でとめる。仕上がりのラインが決まったら、つまんだ幅を測る。今回はすそ幅を10cmつめる。

2　すそをほどき、折り目をのばす
（裏）
パンツを裏返し、すそのまつり縫いをほどく。両脇の縫い代の折り目と、すその折り目をアイロンで伸ばす。

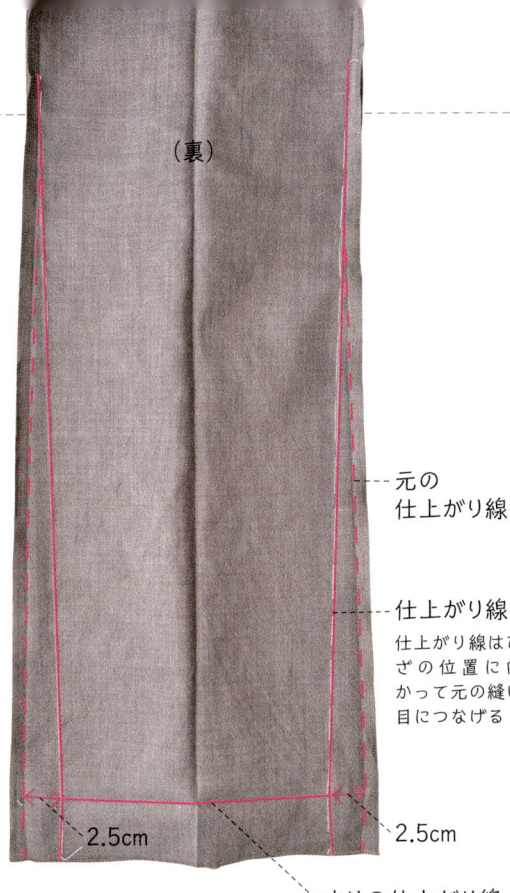

(裏)

元の仕上がり線

仕上がり線
仕上がり線はひざの位置に向かって元の縫い目につなげる

2.5cm　2.5cm

すその仕上がり線

3 印をつけ、仕上がり線を縫う

並縫い (p.19)

(裏)

今回はすそ幅を10cmつめる。パンツのすその両脇の縫い目から、2.5cm内側に印をつけ、ひざのあたりの縫い目に向かって仕上がりの線を引く。線の上を並縫いする。

4 元の縫い目をほどく

両脇の縫い代が1cmになるように線を引く。すそから仕上がり線と重なる部分までの元の縫い目をほどく。

1cm

5 余分な縫い代を裁つ

縫い代線にそって余分な縫い代を裁つ。

6 縫い代をかがる

アイロンで縫い代を割り、縫い代の両端を巻きかがりする。

巻きかがり (p.19)

7 すそをまつる

すその折り代を仕上がり線で再度折り、奥まつりでまつる。

奥まつり (p.20)

8 完成!

(表)

もう片方も同様に幅をつめて、できあがり。

PROBLEM SOLVING
FINISH!

Part 4　好みのデザインに変えるお直し・パンツを美脚ラインにしたい!

PROBLEM SOLVING REMAKE #04

VネックセーターをジャンパーにI

着なくなったニットセーターは、前中心をカットする思い切ったリメイクを!
ファスナーをつけてジャンパーにつくり変えれば活躍度もアップ。

Before → After

item
子どもサイズのVネックセーター

用意するもの
- 手縫い糸
- オープンファスナー
- 手縫い針
- 裁ちばさみ
- ものさし
- アイロン
- しつけ糸
- 伸びどめテープ
- まち針
- 糸切りばさみ
- チャコ
- アイロン台

Vネックセーターの中心を切ってファスナーをつけるだけ。子ども用のニットなら縫う距離も短く、あっという間にできあがります。

1 伸びどめテープを貼る

（裏）

セーターを裏返し、前身ごろの中心線から左右0.2〜0.3cm外側に、伸びどめテープを貼る。

プロのテクニック
アイロンは上から押すようにかける

伸びどめテープや接着テープを貼るとき、上から圧力をかけるように、静かに押さえて接着しましょう。アイロン後は、熱がとれるまで生地を触らないこと。

2 セーターの中央を裁つ

（裏）

伸びどめテープの間の中心を裁ちばさみで裁つ。

3 ファスナーをとめる

（表）

セーターを表に返し、ファスナーの端と、セーターの前端（中心線）を中表に合わせてまち針でとめ、しつけをする。

4 ファスナーを縫う

半返し縫い（P.19）

0.3cm

（表）

半返し縫いでファスナーとセーターを縫い合わせる。縫い終わりは1cmほど返し縫いし、すそはファスナーとセーターの端を巻き込むように縫いとめる。

5 表に返しアイロンをかける

ファスナーの縫い目からセーターを表に返す。返した部分はアイロンで押さえてくせをつける。

6 ファスナーの先を処理する

（表）　（表）　先端をはさみ込む　（裏）

ファスナーの先端は、セーターをはさみ込むように裏に向かって折る。そのまま前中心に縫われたファスナー部分を表に返し、ファスナーの先端をはさみ込む。

7 表からステッチをする

半返し縫い（P.19）

（表）

ファスナーの端から0.5cmの位置に、半返し縫いでステッチをかける。縫い終わりは手順④の要領で、ファスナーとセーターの端を巻き込むように縫いとめる。

8 完成！

反対側の身ごろにも同様にファスナーをつけたら、できあがり。

PROBLEM SOLVING
FINISH!

Part 4　好みのデザインに変えるお直し●Vネックセーターをジャンパーに！

PROBLEM SOLVING REMAKE #05

プルオーバーシャツの前を広くあける!

メンズライクなプルオーバーシャツを、前立てのないシャツにチェンジ。
インナーによって印象が変わるデザインは、コーディネートが楽しくなります。

Before

item
プルオーバーシャツ

用意するもの
- 手縫い糸
- しつけ糸
- ふちどり用バイアステープ（幅8mm）
- 手縫い針
- まち針
- 裁ちばさみ
- 糸切りばさみ
- ものさし
- チャコ
- アイロン
- アイロン台

1 衿つけどまりの部分と前立てを外す

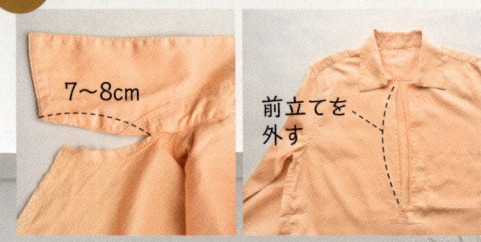

7〜8cm

前立てを外す

衿つけどまりの部分を7〜8cm外し、次に前立ての部分を取り外す。

After

落ち感のある素材のシャツは、上品な雰囲気に仕上がります。

2 バイアステープを縫う

バイアステープの端を身ごろの端に中表の状態で合わせてしつけをする。バイアステープの身ごろに近い側の折り山を並縫いする。

（表）

並縫い（p.19）

プロのテクニック
あきどまりの部分は本返し縫いで！

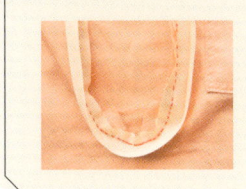

あきどまり部分のバイアステープは、本返し縫い（p.19）で、しっかりと縫い合わせましょう。あきどまりに負荷がかかった場合にも、糸が切れたり破れたりするのを防ぎます。

3 余分な縫い代を裁つ

あきどまり部分の余分な縫い代を、バイアステープの端にそろえて裁つ。

4 バイアステープをまつる

まつり縫い（p.20）

（裏）

バイアステープを、シャツの端をくるむように折り、まつり縫いで縫い合わせる。

5 裏衿と身ごろを縫い合わせる

手順①で外した裏衿と身ごろを元の縫い目の穴にそって並縫いする。身ごろが衿の長さと合わない場合は、身ごろの生地を少しずつ引っ張りながら縫い合わせるとよい。

6 表衿をかぶせステッチをする

裏衿の縫い目を隠すように表衿を重ね、表から細かく並縫いする。

PROBLEM SOLVING FINISH!

7 完成！

反対側の衿も同様に身ごろに縫い合わせたら、できあがり。

Part 4 好みのデザインに変えるお直し ● プルオーバーシャツの前を広くあける！

PROBLEM SOLVING REMAKE #06

ワンピースの袖を外してノースリーブに!

野暮ったさを感じる服は、袖を外してすっきりとしたノースリーブにしましょう。バイアステープを使えば、袖ぐりの始末も簡単です。

Before

After

薄い生地のワンピースは、バイアステープが透けることもあるので、同系色のものを選びましょう。

item
半袖ワンピース

用意するもの
- 手縫い糸
- しつけ糸
- 両折バイアステープ（幅12.7mm）
- 手縫い針
- まち針
- 裁ちばさみ
- 糸切りばさみ
- ものさし
- チャコ
- アイロン
- アイロン台

1 つくりを確認する
（裏）
ワンピースを裏返し、袖から脇にかけてのつくりを確認する。今回のワンピースは、袖下から身ごろのすそまでを一度に縫い合わせている。

2 身ごろから袖を外す
まず脇下の縫い目を約3cmほどいてから、袖ぐりの縫い目をほどく。

3cmほどく

3 脇下を縫う
袖を外すときにほどいた脇下の縫い目を並縫いする。

並縫い（p.19）
（裏）

4 バイアステープをまち針でとめる
（表）
ワンピースを表に返し、袖ぐりの元の縫い目にバイアステープの折り目を中表の状態で合わせる。袖ぐりとバイアステープをまち針でとめてから、しつけをする。

5 バイアステープを縫う
（表）
バイアステープの折り目より0.1cm縫い代側を並縫いする。

6 余分な縫い代を裁つ
袖ぐりの余分な縫い代を、バイアステープの端にそろえて裁つ。

7 袖ぐりのカーブに切り込みを入れる
袖ぐりのカーブ部分の縫い代に切り込みを入れる。切り込みは縫い目の0.2〜0.3cm手前まででとめるように注意。

8 バイアステープを折り返す
（表）
バイアステープを袖ぐりの内側に折り返し、アイロンで押さえる。

9 バイアステープをまつる
バイアステープの端にしつけをし、まつり縫いで袖ぐりと縫い合わせる。

まつり縫い（p.20）

10 完成！
反対の袖も同様に外して、できあがり。

PROBLEM SOLVING
FINISH!

Part 4 好みのデザインに変えるお直し ● ワンピースの袖を外してノースリーブに！

PROBLEM SOLVING
REMAKE #07

Tシャツの衿元をアレンジ！

衿元が伸びてしまったお気に入りのTシャツ。
伸びた衿を切ってリボンでアレンジをプラスすれば、また違った印象で楽しめます。

Before

After

衿元のリボンは色だけでなく、素材感を変えてアレンジの幅を広げてみても素敵です。

item
ロングスリーブのTシャツ

用意するもの
- 手縫い糸
- しつけ糸
- リボン3種
  - A 1.5cm幅 グログランリボン（80cm）
  - B 2.5cm幅 オーガンジーリボン（120cm）
  - C 0.7cm幅 ベルベットリボン（200cm）
- 手縫い針
- まち針
- 裁ちばさみ
- 糸切りばさみ
- ものさし
- チャコ
- アイロン
- アイロン台

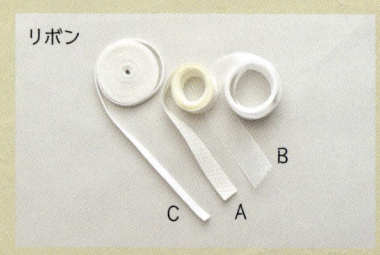

リボン
C A B

プロのテクニック

カーブを測るときはメジャーを立てて！

衿ぐりや袖ぐりなどカーブの長さを測るときは、メジャーを立てると測りやすく、正確な長さがわかります。

Part 4　好みのデザインに変えるお直し・Tシャツの衿元をアレンジ！

1　衿ぐりの仕上がりを決め、印をつける

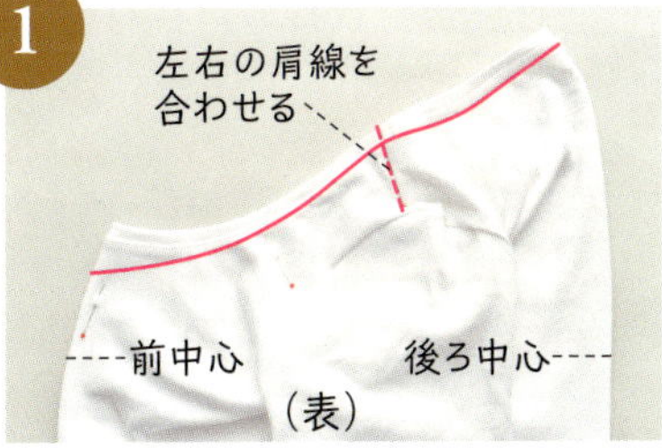

試着した状態で衿元をどれくらいあけるか、仕上がりを決めて印をつけておく。左右の肩線を合わせ、写真のように折り、仕上がりの印をつける。

（左右の肩線を合わせる／前中心／後ろ中心／(表)）

2　仕上がり線にそって裁つ

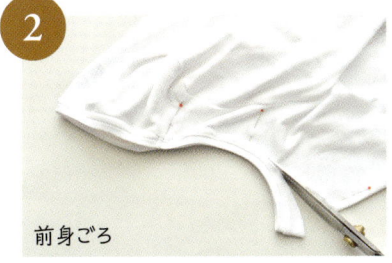

仕上がり線にそって衿ぐりを裁つ。前身ごろは前中心で折った状態のままで切ることで、左右均等になる。後ろ身ごろは広げて衿ぐりのラインにそって裁つ。

（前身ごろ／後ろ身ごろ）

3　リボンAにカーブをつける

リボンAを衿ぐりの長さに合わせて切り、アイロンでカーブのくせをつける。

（リボンの外側を伸ばすように）

4　リボンAを衿ぐりにつける

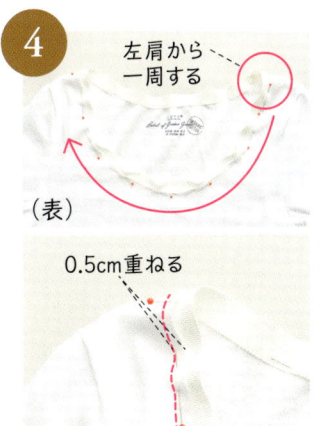

リボンと衿ぐりを外表の状態で0.5cm重ね、左肩の縫い合わせからまち針でとめる。ぐるりと一周とめたら、リボンの端を1cm内側に折り込み、とめ始めのリボンの端の上に0.5cm重ねる。

（左肩から一周する／(表)／0.5cm重ねる）

5　リボンAを縫い合わせ、表に倒す

リボンAの端を細かく並縫いする。縫い終わったら、リボンを表に向かって倒してアイロンで押さえる。

並縫い(p.19)

6　リボンAの外側も同様に縫う

リボンの外側もところどころに返し縫いを入れながら、細かく並縫いする。

（(表)）

並縫い(p.19)

7 リボンBの中央にギャザーを寄せる

リボンBの中央を並縫いし、ギャザーを寄せて衿ぐりと同じ長さにする。ギャザー部分はアイロンで軽く押さえ、うねりを落ち着かせる。

8 リボンBをAの上に重ねる

リボンBをAの中央に重ね、A同様に左肩の縫い合わせからまち針でとめる。

9 リボンBの上にCを重ねる

リボンCは先端から約50cm残した状態で左肩のAとBの上に重ね、リボンの中央を並縫いしていく。このとき、肩線はリボンの結び目がくるため、縫い始めは肩線から1cmあけておく。

10 リボンCの端を始末する

まつり縫い（p.20）

リボンをすべて縫い合わせたら、Cを約50cmの長さで切る。端は三つ折りし、まつり縫いでまつる。

11 完成！

リボンを結んだら、できあがり。

FINISH! PROBLEM SOLVING

リボンには伸びどめの効果もあるよ！

プロのテクニック

バイアステープは用途で使い分け！

バイアステープには様々な種類があり、使い方や目的によって使い分けると大変便利な手芸アイテムのひとつです。

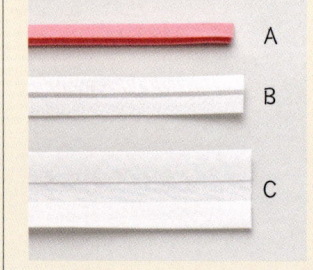

A ふちどりタイプ
両折タイプを二つ折りにしたもの。布の端をはさみ込んで縫うだけで、簡単にふちどりが完成します。

B 両折細幅タイプ
幅が細いため、薄地～普通地に適しています。袖ぐりのようにカーブのついたものは、この幅がオススメです。

C 両折太幅タイプ
厚地の生地をはさむのに適しています。カーブがあるとしわが寄りやすいので、すそのような直線の始末に。

INDEX

あ
合印	11, 58
アイロン	9
アイロン台	9
アイロンミトン	9
あきどまり	11
あきみせ	64
足つきボタン	67
あて布	11

い
1本どり	20
糸切りばさみ	8
糸の選び方	10
糸ループ	21, 52

う
ウエストゴムの交換	38
ウエストの採寸	13
後ろダーツ	12
後ろ中心	11, 61
後ろパンツ	12
後ろ身ごろ	12
裏衿	12
裏地	11, 52, 64

え
衿ぐり	12
衿の擦り切れを直す	30

お
オープンファスナーをつける	84
奥まつり	20
表衿	12
折り代	11, 12
折り代の幅を合わせる	47, 51, 76

か
返し縫いをほどく	14
かがる	11
かぎ裂きを直す	32
かぎホック	44
隠し糸	18
飾りステッチ	31
飾りボタン	44, 74
肩	12, 68
カフス	12, 62
かんぬきどめ	41

き
ギャザー	55, 92
キャミソールのひもを短くする	69

く
クロスがけ	44

け
毛抜き合わせ	28
剣ボロ	12, 62

こ
ゴム	38

さ
採寸	13
裁断	11
サテン・ステッチ	73

し
仕上がり線	11
刺繍	31, 73
刺繍糸	31, 73
刺繍針	31, 73
しつけ	11, 16
しつけ糸	9, 16
地直し	11
ジャケットの袖を短くする	64
シャツのウエストを絞る	80
シャツの袖を短くする	62
シャツの丈を短くする	56
印をつける	15

す

スカートのウエストをつめる	58
スカートの丈を長くする	52
スカートの丈を短くする	54
スカートの破れを直す	42
すそ	12
すその傷を隠す	33
すその採寸	13, 46
すその擦り切れを直す	28
すそのとっさのお直し	22
すその破れを直す	42
スナップをつける	44
スリットのほつれを直す	40

せ

接着芯	9
接着テープ	9, 35, 40

そ

総丈	12
袖	12
袖口どまり	64
袖ぐり	12, 89
袖の採寸	13, 62
袖を外してノースリーブにする	88
外表	11

た

ダーツ	12, 81
ダーツの採寸	13, 80
台衿	12, 30
裁ちばさみ	8
裁ち端	11
タック	12, 62
たてまつり	20
玉どめ	18
玉結び	18
ダブル	50
タンクトップの肩をつめる	68

ち

力布	40
千鳥がけ	21
チャコ	8

つ

つめ寸	11

て

Tシャツの衿元をアレンジする	90
Tシャツの採寸	79
Tシャツのシルエットを変える	78
手縫い糸	9, 10
手縫い針	8, 10

と

共布	34
鳥足がけ	44

な

中表	11
並縫い	19

に

ニットセーターをジャンパーにする	84
ニットにあいた穴を直す	36
ニットのひきつれを直す	36
2本どり	20

ぬ

縫い糸	9, 10
縫い終わり	18
縫い代	11
縫い代の始末	11
縫いどまり	11
縫い始め	18
縫い目をほどく	14
布地	10
布目	11
布を裁つ	16

INDEX

の
ノースリーブの脇をつめる ……… 70
伸びどめテープ ……… 9, 84

は
バイアス ……… 11
バイアステープ ……… 9, 49, 87, 92
はぎれ ……… 75
針の選び方 ……… 10
半返し縫い ……… 19
パンツのウエストを出す ……… 60
パンツのシルエットを変える ……… 82
パンツの丈を長くする ……… 50
パンツの丈を短くする ……… 46, 48
パンツの名称(構造) ……… 12

ふ
ファスナーをつける ……… 85
Vネックセーターをジャンパーにする ……… 84
ブランケット・ステッチ ……… 31
プルオーバーシャツの前を広くあける ……… 86

へ
ベルトループ ……… 12

ほ
ポケット ……… 12
ボタン ……… 12, 24, 44, 74
ボタンをつける ……… 24, 44, 67
ほつれを直す ……… 26
本返し縫い ……… 19

ま
前ダーツ ……… 12, 81
前中心 ……… 11
前端 ……… 12
前パンツ ……… 12
前身ごろ ……… 12
巻きかがり ……… 19
股上 ……… 12
股下 ……… 12

ま
まち針 ……… 8, 17
まち針を打つ ……… 17
まつり縫い ……… 11, 20
まつる ……… 11, 20

み
見返し ……… 11
身ごろ ……… 11
身ごろの名称(構造) ……… 12
ミシン糸 ……… 10
ミシンの縫い目をほどく ……… 14
三つ折り ……… 11, 46

む
虫食い穴をふさぐ ……… 34, 72

め
目打ち ……… 8
メジャー ……… 8, 91

も
ものさし ……… 8

よ
四つ穴ボタン ……… 24, 44

り
リッパー ……… 8, 14

れ
レジロン糸 ……… 78

ろ
蝋 ……… 10
ロックミシンの縫い目をほどく ……… 15

わ
わ ……… 11
脇 ……… 12, 70
脇下のほつれを直す ……… 27
渡しまつり ……… 21

お直し職人 **髙畠 海**

山口県立大学家政学部卒業／山口県立大学院国際文化学研究科修了。
2002年 フィンランド・ヘルシンキ芸術デザイン大学（現アールト大学）
ファッションショー［HIMO］参加。在学中よりミュージカルやダンスの
舞台衣装制作、各種イベントの衣装制作に携わる。
現在は、自由が丘の「nucafe」にてサイズ直しからデザインリメイクを行うかたわら、
2013～2015年にはNHK「すてきにハンドメイド」の講師もつとめる。
nucafe名義での著書『シャツのお直し』（文化出版局）がある。

撮影協力：AWABEES、UTUWA

STAFF
写真：村尾香織
デザイン：(株)VERSO［内藤美歌子、石田かおり］
スタイリング：ナカイマサコ
イラスト：イケマツミツコ
校正：大道寺ちはる
編集：(株)スリーシーズン［土屋まり子、川上靖代］

本書の内容に関するお問い合わせは、**書名、発行年月日、該当ページを明記の上、書面、FAX、お問い合わせフォームにて、当社編集部宛にお送りください。電話によるお問い合わせはお受けしておりません。**
また、本書の範囲を超えるご質問等にもお答えできませんので、あらかじめご了承ください。
　　FAX：03-3831-0902
　　お問い合わせフォーム：http://www.shin-sei.co.jp/np/contact-form3.html

落丁・乱丁のあった場合は、送料当社負担でお取替えいたします。当社営業部宛にお送りください。
本書の複写、複製を希望される場合は、そのつど事前に、(社)出版者著作権管理機構（電話：
03-3513-6969、FAX：03-3513-6979、e-mail：info@jcopy.or.jp）の許諾を得てください。
JCOPY ＜(社)出版者著作権管理機構 委託出版物＞

手ぬいでできちゃう！ 服のお直し

著　者　髙畠　海
発行者　富永　靖弘
印刷所　慶昌堂印刷株式会社

発行所　東京都台東区　株式　**新星出版社**
　　　　台東2丁目24　会社
　　　　〒110-0016　☎03(3831)0743

Ⓒ Kai Takabatake　　　　　　　　Printed in Japan

ISBN978-4-405-07199-5